Cornelia Muth

Von der interkulturellen Erfahrung zur transkulturellen Begegnung – und zurück

DIALOGISCHES LERNEN

Herausgegeben von Dr. Cornelia Muth

ISSN 1614-4643

6 *Stephan J. Harms*
  Menschenbilder und Typologie
  Kategorien neurotischer Motivationsstrukturen als Orientierungshilfe in der sozialen Arbeit Chancen und Risiken
  ISBN 3-89821-703-5

7 *Susanne Mariyam Hüser-Granzow*
  Kunst statt Strafe
  Eine dialogische Betrachtung der ästhetischen Arbeit in der Sozialen Arbeit am Beispiel einer Bildhauerwerkstatt für straffällig gewordene Jugendliche
  ISBN 978-3-89821-747-7

8 *Thomas Schwenk*
  Sport und Bewegungserziehung in der Suchtarbeit
  Sozialpädagogische und dialogisch-philosophische Aspekte in der Suchtprävention und Behandlung von Kindern und Jugendlichen
  ISBN 978-3-89821-785-9

9 *Cornelia Muth*
  Hilfe, ich bin mobil und heimatlos!
  Zur Hauslosigkeit postmoderner Menschen
  Mit einem Beitrag von Jan Großewinkelmann und Zeichnungen von Miriam Helfer
  ISBN 978-3-89821-880-1

10 *Tanja Dräger*
   Gender Mainstreaming im Kindergarten
   ISBN 978-3-89821-869-6

11 *Dörthe Sontag*
   Die modernen Kommunikationsmittel und das Dialogische Prinzip
   Bedrohung und Chance für unser Menschsein?
   Eine dialogphilosophische Reflexion unserer zwischenmenschlichen Beziehungen im Zeitalter der Mediatisierung
   ISBN 978-3-89821-893-1

12 *Isabel Diener*
   Lehren und Lernen in offenen Arbeitsformen
   Eine Diskussion über die Verwendung von offenen Arbeitsformen im Unterricht am Beispiel einer Pädagogik der Menschenrechte
   ISBN 978-3-89821-976-1

13 *Cornelia Muth (Hrsg.)*
   „dann kann man das ja auch mal so lösen!"
   Auswertungsinterviews mit Kindern und Jugendlichen nach Trainings zur Gewaltfreien Kommunikation
   ISBN 978-3-8382-0120-7

14 *Cornelia Muth*
   Der Mensch zwischen Gut und Böse
   Mit Texten von Martin Buber über das Böse nachsinnen
   ISBN 978-3-8382-0340-9

Cornelia Muth

VON DER INTERKULTURELLEN ERFAHRUNG ZUR TRANSKULTURELLEN BEGEGNUNG – UND ZURÜCK

ibidem-Verlag
Stuttgart

Bibliografische Information der Deutschen Nationalbibliothek
Die Deutsche Nationalbibliothek verzeichnet diese Publikation in der
Deutschen Nationalbibliografie; detaillierte bibliografische Daten sind im
Internet über http://dnb.d-nb.de abrufbar.

Bibliographic information published by the Deutsche Nationalbibliothek
Die Deutsche Nationalbibliothek lists this publication in the Deutsche Nationalbibliografie;
detailed bibliographic data are available in the Internet at http://dnb.d-nb.de.

∞

Gedruckt auf alterungsbeständigem, säurefreien Papier
Printed on acid-free paper

ISSN: 1614-4643

ISBN-13: 978-3-8382-0350-8

© *ibidem*-Verlag
Stuttgart 2013

Alle Rechte vorbehalten

Das Werk einschließlich aller seiner Teile ist urheberrechtlich geschützt. Jede Verwertung außerhalb der engen Grenzen des Urheberrechtsgesetzes ist ohne Zustimmung des Verlages unzulässig und strafbar. Dies gilt insbesondere für Vervielfältigungen, Übersetzungen, Mikroverfilmungen und elektronische Speicherformen sowie die Einspeicherung und Verarbeitung in elektronischen Systemen.

All rights reserved. No part of this publication may be reproduced, stored in or introduced into a retrieval system, or transmitted, in any form, or by any means (electronic, mechanical, photocopying, recording or otherwise) without the prior written permission of the publisher. Any person who does any unauthorized act in relation to this publication may be liable to criminal prosecution and civil claims for damages.

Printed in Germany

Vorwort

Mit Freude und Stolz schreibe ich das Vorwort zum 15. Band der Reihe Dialogisches Lernen des *ibidem*-Verlags, mit dem ich im nächsten Jahr schon 10 Jahre erfolgreich zusammenarbeite.

In diesem Band sind eigene Texte gesammelt, deren Produktionszeit von 1994 bis 2008 reicht. Während dieses Zeitraums hat sich aus meinen gestaltpädagogischen Anfängen in der Praxis über die wissenschaftliche Entwicklung meines transkulturellen Bildungskonzeptes die Haltung einer „kritischen Pädagogin" entwickelt: Sie drückt sich in Dissens und Pluralität einerseits und andererseits im Dialog, der die Differenz gemeinsam mit der Anderheit der Anderen entwickelt, aus.

Cornelia Muth,
April 2013

Inhaltsverzeichnis

Mobilität – eine neue Herausforderung für die pädagogische Anthropologie?   9

Transkulturelles Lernen als (wissenschaftlicher) Erkenntnisprozess der
Anderheit   25

Dialogpädagogische Reflexion über transkulturelle Erwachsenenbildung in
Aktion   37

Lexikale Beiträge
a) Anti-Rassismus   53
b) Gestaltpädagogik   55
c) Interkulturelles Lernen   57

Werkstatt der Begegnungen: Wie man für interkulturelle Kommunikation
sensibilisieren kann   61

Ein niederländisches (Entlastungs-)Konzept Verantwortung geben und
Verantwortung nehmen als Entlastung im (interkulturellen) Berufsalltag   65

Lernen von Akzeptanz und Toleranz in der deutschen
Aufnahmegesellschaft - am Beispiel interkultureller Hochschulbildung   73

Interkulturelle Hochschulbildung: Toleranz lernen   77

Zwischen dem Eigenen und dem Fremden – Annäherungsversuche
an das Eigene   99

Geschlechtsspezifische Aspekte interkultureller Bildung in Theorie
und Praxis Erfahrungsbericht einer Bildungsreise in die Niederlande   103

Für deutsch-jüdisch/israelische Dialoge "Räume" geöffnet:
Rückblicke auf die GPV-Tagung 1993   113

Mobilität – eine neue Herausforderung für die pädagogische Anthropologie?[1]

Pädagogische Anthropologie hat die Aufgabe die ex- und impliziten Menschenbilder einer Gesellschaft in Hinblick auf Erziehungs- und Bildungsprozesse zu reflektieren. Im Mittelpunkt steht die Frage "wer der Mensch ist?". Spezifischer stellt sich diese Frage aufgrund wachsender Mobilitätsanforderungen an die Mitglieder westlicher Gesellschaften: bin ich ein mobiler, d. h. etymologisch differenzierter betrachtet, ein beweglicher, ein biegsamer, ein einsatzbereiter, ein marschfertiger, dynamischer, feuriger, ungehemmter, vitaler, zerlegbarer oder auch kriegsbereiter Mensch (vgl. Deutscher Wortschatz 2008)?
Diesbezüglich ist mit Mobilität im Nachfolgenden das räumliche Pendeln zwischen Arbeitsplatz und Wohnung gemeint. Dabei wird zwischen residenzieller und zirkulärer Mobilität unterschieden (vgl. Schneider 2008). Hier geht es um die zirkuläre Mobilität, deren Akteure sich in einem immer wiederkehrenden Bewegungs-Prozess zwischen Wohnsitz und Arbeitsplatz befinden. Zirkuläre PendlerInnen unterscheidet man des Weiteren in Fernpendler, Wochenendpendler, Jobnomaden, Menschen in Fernbeziehungen, Saisonarbeiter, Semi-MigrantInnen und Vari-Mobile, zu denen Schiffskapitäne, Flugpersonal, Berufssoldaten und ArbeitnehmerInnen aus dem Hotel- und Gaststättengewerbe zählen. In Deutschland liegt der gegenwärtige Pendler-Anteil an den Erwerbstätigen um 16%, d. h. jeder 6. ist ein zirkulär Mobiler. Aktuelle Forschungsergebnisse zeigen, dass Arbeitnehmer und Arbeitnehmerinnen in der EU einerseits recht immobil sind, doch insgesamt hat die Hälfte dieser Gruppe Erfahrungen mit Mobilität. So stellt sich heraus, dass die meisten Arbeitnehmer sesshaft und höchst mobil leben (vgl. ebd.).
Die Frage "wie mobil ist der Mensch?" wird somit wichtig für aktuelle Erziehungs- und Bildungsdebatten. Zugespitzt formuliert: Wollen wir zu sesshaften oder mobilen Menschen erziehen? Das Feld der populären Antworten präsentiert

---

[1] Leicht überarbeiteter Habilitationsvortrag von Dr. Cornelia Muth am 5.12.2008 an der Universität Kassel.

einen Antagonismus zwischen sesshaften Menschen und Nomaden einerseits und andererseits zwischen Flexibilität und monokultureller Einseitigkeit der beteiligten Menschen. Schon allein ein etymologischer Ausflug zum Gegensatz von mobil zu immobil lässt die Bewertung unserer Gegenwartsgesellschaft spürbar werden: immobil bedeutet stationär, unbeweglich, starr, statisch, jedoch auch sesshaft, ansässig, anwesend, befindlich, einheimisch, gegenwärtig, gelegen und greifbar (vgl. Deutscher Wortschatz 2008). Doch nicht nur im populären Diskurs ist der genannte Dualismus zwischen mobil = beweglich und immobil = starr zu finden. Sozialwissenschaftliche Studien zeigen einerseits kritisch, wie räumliche Mobilität zu "Diskontinuitäten und Belastungen" und damit unweigerlich zu "Isolation, Entwurzelung, wachsender Ziellosigkeit und damit insgesamt gemeinschaftszerstörend" auf die Menschen wirkt (Schneider 2004, 22). Anderseits betonen WissenschaftlerInnen die neuen Chancen und Freiheiten, die sich durch "neuartige soziale Gefüge" für das "kreative und reflektierende Subjekt" ergeben (ebd.). Sie meinen, auch angesichts von gesellschaftlichen Unsicherheiten und Kontingenzen ist Sozialität gestaltbar.

Ein dritter Weg soll eine Mischung aus beiden sein, wie einesteils der Künstler Stefan Eberstadt mit einer mobilen Immobilie zeigt. Er hat einen würfelförmigen Kubus zum Wohnen entworfen. Diese Nomaden-Wohnung kann der per Autokran mit Hebebühne mitgenommen werden (vgl. Eder 2005). Demgegenüber fordert eine aktuelle Ausschreibung des Bundesministeriums für Bildung und Forschung auf, unter dem Themenfeld "Balance von Flexibilität und Stabilität in einer sich wandelnden Arbeitswelt" zu erforschen (vgl. BMBF 2008). Beispielhaft steht in der ministeriellen Bekanntmachung: "Aufgabe ist es ... Theorien zu entwickeln ... die Innovationsfähigkeit durch eine Balance zwischen Flexibilität und Stabilität schaffen." (ebd., 2) Im Fortlauf dieser Ausschreibung unterstützt Forschung, was ökonomisch gesellschaftlich verlangt wird und was Schneider (2004) als Soziologe plakativ zusammenfasst: Die ökonomisch orientierte Gesellschaft verlangt "Dynamik, Tempo, Bewegung, Ent-Räumlichung und fluide Formen der Organisation" (ebd., 21). Dabei wird nicht gefragt, ob die geforderte Flexibilität unmenschlich und somit neu zu überdenken ist. Vielmehr geht es darum, wie wir den Erwerbstätigen stabilisieren oder in Hinblick auf wirtschaftlichen Mehrwert besser funktionalisieren können. Genauer betrachtet, wird ein weiteres Ideal der Mobilität entwickelt: Wie machen wir den Arbeitnehmer für die Mobilität "einsatzbereit"? Hiermit erinnere ich an das eher erschreckende Synonym für mobil, das Steffensky (2005) aufnimmt, um an die totale Mobilmachung unter Hitler, die bedenkenlos, sinnentleert und erbarmungslos war, zu erinnern. Dazu passt Virilios (1996) Analyse vom "rasenden Stillstand". Wirklich mobil, im Sinne von vital und ungehemmt darf ein Erwerbstätiger nicht sein, nur schnell soll er sein!

In dieser Hinsicht schließe ich mich der Diskurshaltung pädagogischer Anthropologen an, wenn sie die Interpretationen der Ergebnisse der kognitiven Neurobiologie kritisieren: Das kollektive Menschenbild wird in Hinblick auf "Naturbeherrschung, Mach- und Lenkbarkeit" gedacht (Miller-Kipp 2003, 172). Miller-Kipp erinnert passend an die "alte Mensch-Maschine-Analogie: "... der Mensch wird einerseits funktions- und strukturdeterministisch gesehen, andererseits als großer Macher und Steuermann" (ebd., 175).

So ist in der genannten Ausschreibung des Bundesministeriums das Phänomen zu erkennen, was Kamper (1997) für die Wissenschaft feststellt. Forschung bindet sich mehr und mehr an wirtschaftliche Vorgaben, die scheinbar unhinterfragt bleiben müssen. Es entwickelt sich dabei eine "Maschinisierung des Rationalen, d. h. Exteriorisierung der Selbstreflexivität des Menschen", die sich als "Formalisierung symbolischen Vermögens" in Automation und Autismus im Umgang mit mentalen Landkarten zeigt (ebd., o. S.). Laut Kamper wirkt hier eine Wende in der gegenwärtigen gesellschaftlich anthropologischen Diskussion, die vom Menschen als animale rationale, dem vernunftbegabten Tier in eine gottähnliche Maschine, in "deus qua machina" (ebd.): Der Mensch hat endlich das wilde Tier im Griff und versucht nun, eine Gottheit als kranähnlicher Flugapparat zu werden.

Im Nachstehenden wird versucht, kritische Antworten in Hinblick auf das latente Menschenbild, das aufgrund von Mobilitätserwartungen und -anforderungen in westlichen Gesellschaften entsteht, zu finden. Es geht darum und das ist die besondere Herausforderung für die pädagogische Anthropologie, Antworten "gegen das Bild von der beliebigen Steuerbarkeit des Menschen und das komplementäre Bild vom Menschen als Herrn und Meister der Prozesse des Lebens und der Erkenntnis" (Miller-Kipp ebd., 177) zu diskutieren. Die Worte neu und Herausforderung sind außerdem genommen worden, weil zu Fragen in Hinblick auf Mobilität "eine Enthaltsamkeit von gesellschaftlicher Aktualität" von Seiten pädagogischer Anthropologen festzustellen ist, selbst angesichts des Wissens, welche "gesellschaftliche Funktion Menschenbilder" haben (ebd.). Insofern ist schon jetzt die Ausgangsfrage zu bejahen: Mobilität ist eine neue Herausforderung.

Kamper (1989) sieht in der hier festgestellten wissenschaftlichen Enthaltsamkeit, die sich als Flucht oder als Verkleinerung des Problems und Wahrnehmungsverweigerung zeigen, eine Reaktion auf die wachsende Komplexität von Gesellschaft und damit Wissen überhaupt. Doch gerade diese "Selbstverschließung der Vernunft ... – ist für ihn – ... der eigentlich Skandal der Wissenschaftsentwicklung" (ebd., 90). So gibt es scheinbar nur einen deutschen pädagogisch-anthropologischen Artikel, der explizit Mobilität thematisiert. Einige Veröffentlichungen beziehen sich auf Virilios Thesen zur Spitzentechnologie. Dessen Schriften über den "überreizten Menschen" haben beispielsweise in den letzten fünf Jahren in deutschen, nicht allein anthropologisch ausgerichteten pädagogischen Zeitschriften wenig Aufmerksamkeit erhalten. In diesem Zeitraum sind allerdings Auseinandersetzungen mit Entschleunigung (vgl. Feldmann 2006; Könemann 2006), mit Nachhaltigkeit (vgl. Hofmann 2008; Ekardt 2008) und mit dem Pendeln von Kindern zwischen den elterlichen Wohnungen (vgl. Düsenberg 2005) zu finden. Eine englische Publikation beschreibt Suchtprobleme von mobilen Studierenden (vgl. Bebo 2003).

Grundsätzlich lehnt sich die folgende Argumentation an Wulfs und Zirfas' (1994) historischen Rückblick auf die Entwicklung pädagogischer Anthropologie an. Sie gehen davon aus, dass es eine und nur die pädagogische Anthropologie nicht gibt und gab. Vielmehr gehen die beiden Autoren von einer "Historizität der Menschenbilder" und einer Betonung auf den "Pluralismus der Denkansätze" aus (vgl. ebd. 19ff.). So berücksichtigt dieser plural-historische Ansatz in seiner eigenen Entwicklung alte und neue Ansätze der pädagogischen Anthropologie, in dem er den Menschen weiterhin als

Mobilität – eine neue Herausforderung für die pädagogische Anthropologie?

1. erziehbares und erziehungsbedürftiges Wesen begreift, was der so genannte "integrale Ansatz" der päd. Anthropologie diskutiert; zu ihm gehören u. a. Flittner und Roth. D. h. Verkehrserziehung ist notwendig, ebenso die kontrollierte Führerscheinvergabe für Erwachsene.
2. in dem der plural-historische Ansatz den Menschen als offenes Wesen und Nicht-Tier bezeichnet. Diese Betrachtungsweise ist die philosophische, und Vertreter sind u. a. Bollnow und Loch. D. h. Menschen sind nicht für immer festgelegt, mit dem Auto fahren zu müssen.
3. in dem dieser Ansatz den Menschen als "homo distinctus" in seiner besonderen Rolle als Lehrer oder Schüler betrachtet. Langeveld u. a. vertreten hier den phänomenologischen Ansatz. D. h. als Bahnkundin ist es wichtig, meine Rechte zu kennen.
4. in dem er den Menschen als sozialen Menschen, der sich individuell verwirklicht, erkennt. Diesen dialektisch-reflexiven Ansatz vertreten z. B. Buber, Adorno, Levinas. Aktuelle Ergebnisse der soziologischen Mobilitätsforschung zeigen diesbezüglich, dass gebundene Menschen am besten Mobilität meistern. Hier ist auch Sennetts "Corrosion of Charakter" zu nennen. Der Autor bezieht sich dort auf Levinas spricht vom "gefährlichen Pronomen" und meint damit das WIR und sagt, dass der Kapitalismus gegenseitige Abhängigkeit bzw. die Frage "wer braucht mich?" negiert. Als System scheint es demnach grundsätzlich Indifferenz auszustrahlen. Entsprechend reagiert der Mensch apathisch dem Sozialen gegenüber, was sich in der Wissenschaft laut Kamper durch Autismus und Automation im Denken zeigt.
5. in dem er den Menschen in Form eines Bildes auftreten sieht. Scheuerl spricht hier vom impliziten Ansatz. Diesbezüglich ist ein Verlust von visionären Bildern des mobil Lebendigen zu verzeichnen. Es wirken weiterhin die großen Männer, die wie Hänschen-klein auf Abenteuer-Reise gehen: Odysseus, Abraham, Äneas, Dante, Columbus etc. pp. Möglicherweise erklärt die Sehnsucht danach das Phänomen des Bestsellers "Ich bin dann mal weg" von Hape Kerkeling. Und möglicherweise ist die neue Pilger-Euphorie auch eine sinnvolle Störung, die Kamper (1997) gegenüber der

heutigen Komplexitätssteigerung als Strategie der Verstörung entgegenstellen will. Sinnvolle Störungen helfen, der "doppelten Gefahr der tödlichen Beschleunigung und tödlichen Erstarrung" zu entkommen (ebd., 90).
6. in dem er den Menschen als poietischen Text deutet. Diese Ansicht stammt aus dem texturalen Ansatz, der u. a. von Derrida und Foucault vertreten wird. Aus Texten erkennen wir die Geschichten der Menschen. Entsprechend ist das aktuelle Buch von Reichholf (2008) "warum die Menschen sesshaft wurden" zu deuten. Mit seiner Text- und somit Wissensanalyse kommt er als Evolutionsbiologe und Ökologe zu dem Ergebnis, dass Ackerbau und die Benutzung von Rauschmitteln in einer direkten Wechselwirkung stehen. Besonders die Kultfeste hätten Menschen veranlasst, Ackerbau für die Gewinnung von Ingredienzen zur Transzendenz zu vertiefen und in Folge sesshaft zu werden.

Insgesamt übt der plural-historische Ansatz konkrete Anthropologiekritik, d. h. er geht nicht davon aus, dass
- es zeitloses anthropologisches Wissen gibt,
- ausschließlich die Geschichtlichkeit den Menschen bestimmt,
- Reflexionen ideologiefrei sind,
- es ein wahres Bild des Menschen gibt,
- der Mensch vereinheitlicht werden kann,
- Anthropologie systemimmanent wirkt und
- universelle Bildungs-Programme für die Menschheit existieren.

Infolgedessen bringt die Position, aus der hier Mobilität betrachtet wird, keine eindeutig normativen Aussagen zur Sesshaftigkeit des Menschen, wie auch zur Mobilität. Damit realisiert sich ein Widerstand gegen den Trend, fundamentalistische Aussagen über den Menschen treffen zu können. Eine solche "... Intention würde eine Eindeutigkeit, Allgemeinheit und Systematik suggerieren und die Ideologisierung, den Dogmatismus, und die Totalisierung einer "Menschenbild-Pädagogik" fördern (Wulf & Zirfas ebd., 25). Somit bilden die folgenden Überlegungen mehr den Weg einer Entkopplung von sicherem Wissen und klaren Gewissheiten.

Mobilität – eine neue Herausforderung für die pädagogische Anthropologie?

Hier wird im Folgenden Mobilität entlang von fünf Dimensionen, auf die sich der genannte Ansatz geeinigt hat, untersucht (vgl. Liebau et al. 2003, 7):
1. Leiblichkeit
2. Sozialität
3. Historizität
4. Subjektivität und
5. Kulturalität des Menschen

Richtunggebend ist dabei folgende These: Auch wenn die Bestimmung der menschlichen Natur offen bleibt, kann eine pädagogische Anthropologie dennoch Aussagen treffen, "was der menschlichen Natur nicht fehlen darf, was also mindestens zu ihr gehört" (ebd.). Die Dimensionen
1. Leiblichkeit und
2. Sozialität werden zusammen diskutiert, um zu zeigen, welchen Umweltprozessen ein zirkulär Mobiler ausgesetzt ist: Bei beiden Dimensionen geht es um eine Sichtweise, die Körper und Subjekt miteinander verbindet und davon ausgeht, dass der Mensch beim Handeln, das nie ohne Leib geschehen kann, immer gleichzeitig ein Kultur- und Naturwesen ist. Jede Art von pädagogischer Praxis richtet sich beispielsweise auf den Leib, sei es auf den der Lernenden wie auf den der Lehrenden. Infolgedessen sind die räumlichen Erfahrungen in pädagogischen Prozessen zu hinterfragen, ebenso wie die ersten Raumerfahrungen von Kindern. Leibliche Beweglichkeit wirkt sich auf räumliche Mobilität aus, die wiederum Einfluss auf die geistige Tätigkeit hat. Doch welche Räume erleben wir im Westen lebenden Menschen angesichts von cyber-space und virtual reality und technologischer Bewegungsmittel? Aus der Sicht von Virilio (1996) sind PendlerInnen einer einseitigen Geschwindigkeit ausgesetzt, bei der es weder ein klares Ankommen noch Abfahren gibt und körperliche Verarbeitungsprozesse negiert werden müssen. Laut von Zur Lippe (1997) wird damit die Erfahrung vom gelebten Ort immer geringer, weil die Menschen in der Beschleunigung keine Zeit mehr haben, in einem sozialen Raum zu sein. Dieser Verlust von gemeinsamer Zeit, so auch Elias (1990), führt zum Verlust sozialer Räume, die für Identitätsbildung notwendig sind.

Ohne soziale Räume erfährt der Leib nicht mehr sein eigenes Hören, Riechen, Gehen und Schauen. Ein solcher Sinnenverlust schränkt auch die Entwicklung unseres Denkraumes ein und spiegelt sich einem Denken wider, wo der Andere als Anderer stört, was sich beim zwischenmenschlichen Konkurrieren um Räume und nicht allen um Sitzplätze in Zügen zeigt. Der Verlust der Sinne spiegelt sich zudem in der "Zerteilung von Landschaften", der "Verplanung von Städten" und "Aufteilung von Häusern und Wohnungen" wider. Die gleiche Mentalität beherrscht unsere Straßen: "Die 'Humanisierung des Straßenverkehrs' scheitert an einer 'allgemeinen Disziplinlosigkeit' und 'Asozialität' des Lebens auf der Straße" (Kaan nach Sting 1997, 203). Die Unterdrückung von leiblichen Bewegungen wie Emotion und Aggression suchen sich ihren Ausdruck im "rücksichtslosen 'Einzelwillen'' des Menschen, "insbesondere im Auto, das Sloterdijk das "kinetisch mächtigere Selbst" nennt und Piper den "Inbegriff männlich geprägter Allmachtsphantasien" (Piper 1997, 200). Als "motorisierte Prothese zwischen Leib und Umwelt" nährt das Auto die Illusion eines Schutzes gegenüber den Anderen (ebd.). Gleichwohl finden noch die meisten automobilen Körper im Autoverkehr ihren Tod, z. B. starb in Österreich in den letzten Jahren die Hälfte der verunglückten Kinder im Innern eines Autos (vgl. VCÖ 2004).

Den geschilderten Prozess der Leibunterdrückung bis hin zur beherrschenden Mentalität des Raumes nennt Kamper (1989) das Resultat der christlich motivierten Fleischwerdung des Wortes im Vergleich zur möglichen Wortwerdung des Fleisches und damit der 'natürlichen' Beweglichkeit des Leibes. Gerade weil der Leib in seinem Angewiesensein auf Örtlichkeit, Schutz, Pflege, Erholung, Ruhe und Sozialität nicht berücksichtigt wird, erlebt sich der Mensch fragmentiert und isoliert, wie Wulf mit Hinweis auf Elias und Foucault feststellt: "In den Analysen gegenwärtiger Körperbilder spielen *Entmaterialisierung, Technologisierung und Fragmentierung* des Körpers eine zentrale Rolle" (Wulf 2003, 213). Dennoch bleibt bei dieser Diskussion eine rein natürliche, d. h. perfekte, totale und abstrakte Bestimmung des Körpers ausgeschlossen (vgl. Kamper 73, 239).

Darlegungen zur Sozialität des Leibes gilt es, immer wieder auch als ein Ausdruck historischer und kultureller Prozesse zu sehen.

3. Aus historischer Perspektive ist die mobile Lebensform, das Nomadentum die ältere im Vergleich zur sesshaften. Jäger und Sammler waren auf das Wandern von Ort zu Ort existentiell angewiesen. Erst vor gut 10000 Jahren begann sich Sesshaftigkeit durchzusetzen und war 5000 Jahre später die überragende Lebensform. Noch immer rätselt die Wissenschaft über die so genannte Neolithische Revolution (vgl. Reichholf 2008). Auch die Völkerwanderungen vor gut 1300 Jahren haben an der tonangebenden Sesshaftigkeit nichts geändert. Dennoch gab es immer mobile Menschen, soziale Gruppen und Ethnien, die in räumlicher Bewegung waren und sind.

Weitere historische Phänomene sind in Hinsicht auf Mobilität "Kreuzzüge, Pilgerfahrten, Entdeckungs- und Handelsreisen" (Piper 1997, 199) und Wanderburschen im Handwerkerbereich, aber auch Kriege, deren Folgen bis heute wirken. Überdies beginnt die Erfindung und Entwicklung der Eisenbahn im 19. Jahrhundert und prägt seit dem das menschliche Raumempfinden von vielen mobilen Menschen. Und nichts bestimmt uns Europäer mehr als die Erfindung des Automobils bezüglich unserer menschlichen Beweglichkeit.

Sting (1997) zieht als pädagogischer Anthropologe eine negative Bilanz, was die geistige Beweglichkeit des Menschen in Hinblick auf technische und technologische Prozesse betrifft: "Dabei verkümmerte allerdings die Eigenbewegung des Subjekts, es wurde der mit der Straße verbundenen Emotionen, Phantasmen und Entladungen beraubt" (ebd., 208). So verloren Pilgerfahrten im 19. Jahrhundert ihren Sinn, und Goethes Italienreise wirkt aus heutiger Sicht bizarr. Wollte der Autor der Gleichförmigkeit des sesshaften Alltags entfliehen, ist Ruhe das größte Bedürfnis beim zirkulär Mobilen.

4. Welche Phänomene zeigen sich aus der vierten Dimension von Kulturalität? Von einer kulturellen Mobilität kann in Hinblick auf das Humane nur negativ gesprochen werden. Kamper (1989) stellt entsprechend fest, dass

wir uns kulturell auf einer "transhumanen Expedition" befinden, in der Chronokratie und geistlose Mobilität herrschen. Letztere Beschreibung entlehnt er aus Virilios Schriften. Die transhumane Expedition ist u. a. gekennzeichnet von "Computerisierung der Arbeit, Intensivierung der Ausbeutung von begrenzten Resourcen, in der permanenten Erschöpfung der menschlichen Bedürfnisse, in der vorzeitigen Ruinierung der menschlichen Seelen, überhaupt im Hass auf alles, was wächst ..." (ebd., 52). Den damit verbundenen Verlust des Humanen nennt er auch Ausdruck und Ergebnis einer kollektiv "stillschweigenden Entscheidung für eine Karriere des 'Un-Menschlichen'" (ebd., 53). Insbesondere zeigen sich die Auswirkungen der transhumanen Expedition in unserem den Maschinen angepassten Denken. Nur allein die rechnerische Logik hat Bestand und spiegelt sich im Umgang mit der Zeit wider: Die Sinnlosigkeit zeitlicher Erfahrungen nimmt zu, gleichzeitig wiederholt sich dieser Prozess und drückt sich in auf Dauer laufenden qualitätslosen Zeitkreisen aus. Davon sind zirkuläre PendlerInnen am stärksten betroffen. Die Abwehr dieser Sinnlosigkeit ist zeitgleich mit einer "imaginären Obsession" verbunden, die sich beim Menschen und dessen Bilder über körperliche Beherrschung seiner wirklichen existentiellen Ängste zeigt. Was meint Kamper damit? Wir Menschen versuchen, uns von der Angst machenden Phantasie durch Maschinen zu entlasten (ebd., 74) und nehmen uns damit Einbildungskraft, die sich jenseits von technischer Beeinflussung entwickelt und den Menschen in seiner Natur ausmacht. Diesbezüglich zeigt Virilio, wie sehr der technologisierte Mensch seinen eigenen Körper verleugnen und gleichzeitig um ein "unmittelbares Überleben des Körpers" ringen muss (ders. 1996, 290f.). Menschen wollen mehr und mehr Anerkennung in ihrer Anwesenheit erfahren, was sich in den Augen des Autors als lebendiger Widerstand gegen den Verlust von Bodenständigkeit und Sesshaftigkeit im Angesicht der elektronischen Kommunikationserfahrungen, ausdrückt (ebd., 252). Die motorisierten wie digitalen Irrfahrten des Menschen sind von einer solchen Gleichförmigkeit, dass die unmenschliche Hölle, die sich in Form von Überreizung offenbart, nicht mehr erkannt wird. Es scheint keine Alternative für den menschlichen Körper zu geben, sich nicht dem "Zeitalter der absoluten Geschwindigkeit der elektromagnetischen Wellen" anzugleichen (ebd.).

5. Aus dem Blickwinkel der 5. Dimension, der zur Subjektivität, stellt sich folgende Frage: Welche Wirkung hat schließlich Mobilität auf unsere Vorstellungen von Subjektivität und auf den Menschen schlechthin? Bilanzieren wir die historischen und kulturellen Phänomene, so können wir mit Buber die "Hauslosigkeit des modernen Menschen" bekräftigen. Petzold spricht diesbezüglich von einer "Anaestesierung des perzeptiven Leibes" (nach Holzapfel 2007, 179). Jedoch ist Subjektivität nie zeitlos. Der Mensch lebt in einer sozial und historisch konstituierten Natur, die gleichzeitig tragender Grund für den Menschen ist und insofern Orientierung gibt. Doch für diesen Moment des Selbstverständlichen braucht der Mensch Vertrauen, etwas anzunehmen, wie es ist. Dazu ist der moderne Mensch laut Böhme (1997) immer weniger bereit. Als letzte vertrauenswürdige Instanz der Natur, dessen, was uns Menschen also ausmacht, zeigt sich demzufolge unsere Leiblichkeit. In ihr spiegelt sich entsprechend Böhmes Gedanken die Würde des Menschen:"... die Natur, die wir selbst sind, der Leib gerade als Ort, an dem es die menschliche Würde zu wahren gibt" (ebd., 116). Übereinstimmend spiegeln die aktuellen Ergebnisse aus der Medizin zur Gesundheit von PendlerInnen folgendes: Sie sind in höherem Masse von Kopfschmerzen, Ängsten, funktionellen Magen-Darm-Beschwerden, Bluthochdruck und Schlafstörungen betroffen (vgl. Häfner 2004). Zudem gehen sie weniger zum Arzt und nehmen aufgrund fehlender Zeit weitere psycho-soziale Versorgungshilfen seltener in Anspruch. Am Beispiel des Pendlers wird deutlich, dass mobile Autonomie allein den Mensch keine freie Subjektivität erleben lässt. Im Gegenteil, es wird deutlich, dass eine soziale Anerkennung von Pendlern als Subjekte fehlt und Berücksichtigung im Verkehrs- wie im Gesundheits- und Bildungssystem braucht.

Damit negiert die hier verfolgte pädagogische Anthropologie eine Definition von Subjektivität anhand von Autonomie. Vielmehr spricht sich diese

Perspektive für eine "apriorische Anerkennung der Tatsache der und des Rechts auf Subjektivität" aus (Liebau et al. 2003, 9). Infolgedessen sind emotionale Bewertungen aus der Sicht einzelner Pendler anzuerkennen, wenn sie sagen, dass sich der mobile Aufwand letztendlich nicht lohnt und unterm Strich die ersehnte Zufriedenheit (mehr Lohn, interessantere Arbeit beispielsweise) durch das mobile Engagement unerreicht bleibt. Gleichzeitig geraten subjektive Bedürfnisse nach Freundschaft und Familie in den Hintergrund, was durch leiblich erfahrene Raum- und Zeittrennung zu Identitätsgefährdung führt. Diesbezüglich betrachtet pädagogische Anthropologie, ähnlich dem Gestalt-Ansatz der humanistischen Psychologie, Subjektivität nicht als "ontische Eigenschaft eines Wesens" (Schinkel nach Rombach 2008, 34).

Eher beeinflussen sich Situation und Kontexte und das Selbst des Pendlers wechselseitig, d. h. der Mensch ist ein Umwelt/Organismus-System. Infolgedessen ist Subjektivität eine Ko-Kreation. Hier kann dem Pendler die Einsicht helfen, dass seine Ohnmacht und sein Scheitern in Hinblick auf das Ausbalancieren zwischen Sesshaftigkeit und Mobilität und den damit verbundenen Risiken nicht allein von ihm abhängen. Seine Umwelt agiert mit. Hierin zeigt sich deutlich die Natur des Menschen bzw. das Unverfügbare in der menschlichen Bewegung. Es ist gewissermaßen natürlich, dass der Mensch sich bewegt, ohne die Kontrolle für alle Geschehnisse zu haben. Gerade "Spaltungen, Brüche und Widersprüche", sagt Forster (2003, 15), sind notwendig für eine menschliche Identitätskonstruktion. Was will er damit ausdrücken? Gerade im Scheitern an den kulturellen Erwartungen zeigt der Mensch seine natürlichen Grenzen. "Die Trennung von Natur und Kultur ist also keine äußere Entgegensetzung, sondern die Natur verweist auf den notwendigen Riss in der Ordnung des Symbolischen" (ebd., 15). Doch gilt zugleich, dass es keinen rein "natürlichen" Menschen gibt. Sein leibhaftiges Sein steht immer im Zusammenhang mit historischen wie kulturellen Prozessen. So regt von Werlhof (2003, 42) Vorstellungen über die "Natur als Lebensmacht der Dinge" im Gegensatz zur "angeblichen Machbarkeit von Natur" an, um das Kontingente des menschlichen Lebens zu achten. Damit will sie auf die Entwertung der Natur durch Maschinen hinweisen, was der Begriff Naturbeherrschung impliziert und infolgedessen auch die maschinelle Herrschaft über die Menschen. Von Werlhof bezieht sich dabei auf Genth, der von "maschinenlogischer Rationalität" spricht und damit die "Maschinen-Kriterien" meint, die "Allgemeingültigkeit beanspruchen und zum Handlungs-, Denk- und Empfindungs-Paradigma von Mensch und Gesellschaft geworden sind" (ebd., 43). So unterliegt das Leben eines zirkulären Pendlers einer Logistik, die zwangsweise durch das Nutzen von technologischen Kommunikationsmitteln auf Kriterien wie "Berechenbarkeit, Quantifizierung und Reduktion von Komplexität, identische Reproduktion und Homogenität, Steuerung, Entsinnlichung" ausgerichtet ist (Genth nach Von Werlhof, 43). Mit anderen Worten, das, was den Menschen, um z. B. mit Merleau-Ponty zu sprechen, seine präreflexive Intentionalität des Leibes, ausmacht, muss unterdrückt werden. Die vom Menschen entwickelte Naturbeherrschung schlägt technologisch auf ihn selbst zurück und findet Ausdruck in einer tiefen Sinnlosigkeit, die, wie schon genannt, Teil einer transhumanen Expedition ist. Rückzug in den eigenen Leib als Ersatz für Subjektivität scheint eine erste Lösung zu sein, die jedoch ohne Umweltanbindung und damit Verbindung zum Kulturell historischen Gegenwartsprozess auf die Dauer an Kraft verliert. Was ist also zu tun oder besser zu unterlassen?

Eine Antwort mit Ausblick ist hier kurz und wird nur angedeutet. Das Humane in zirkulärer Mobilität zu leben, scheint gegenwärtig erst einmal über die Achtung und die Würde des Leibes zu finden zu sein. Schrage (2009) fordert in Anlehnung an Merleau-Ponty, leibhaftige und partikulare Lebensstile zu entwickeln, die die Reflexion des Unreflektierten ermöglichen, um somit "sich nicht durch vorherrschende Normen nur fremd bestimmen und instrumentalisieren" zu lassen (ebd. 94).
Des Weiteren geben die von Kamper vorgeschlagenen Strategien von Verstörung und Störung in Hinblick auf komplexe Technologie dem Menschen die

Freiheit, nicht wie perfekte Maschinen funktionieren zu müssen. Dadurch geben sie der menschlichen Natur unkontrollierten Raum zur Existenz, was wiederum zu Vertrauen in das eigene Lassen führen kann. Der gleiche Autor setzt auf eine Einbildungskraft, die ein Denken erzeugt, das sich selbst historisch durchschaut und dem Menschen erlaubt, sich mit seiner Natur zu versöhnen. Mit anderen Worten: ErziehungswissenschaftlerInnen und PädagogInnen könnten selbstkritisch ihre leibliche Verwicklung mit Technologie und Ökonomie akzeptieren, was sich in Anlehnung an Foucault als ein Weg der Selbstsorge ausdrücken kann und damit eine Frage der "Ästhetik der Existenz" wird. Ob wir damit jedoch eine humane Gesellschaft in Hinblick auf Mobilität und Sesshaftigkeit mitgestalten, bleibt offen!

Literatur

Bebo, Joseph A. (2003): An Investigational Analysis of Problem Drinking among a Commuter College Population. In: Journal of Teaching in the Addictions. Official Journal of the International Coalition for Addiction Studies Education, 1, (17-39).

BMBF (2008): http://www.bmbf.de/foerderungen/12846.php (eingesehen am 06.11.2008).

Böhme, Gernot (1997): Natur. In: Wulf (Hrsg.) (1997).

Deutscher Wortschatz (2008): http://wortschatz.uni-leipzig.de (eingesehen am 31.10.2008).

Düsenberg, Swaantje (2005): Hans, der Pendler. In: Kinderschutz aktuell. Die Zeitschrift des deutschen Kinderschutzbundes, 4, (14-15).

Eder, Christa (2005): Die Immobilie zum Mitnehmen. In: Süddeutsche vom 15.12.2005.

Ekardt, Felix (2008): Das Prinzip Nachhaltigkeit. In: Politische Bildung. Beiträge zur wissenschaftlichen Grundlegung und zur Unterrichtspraxis, 2, (9-26).

Elias, Norbert (1990): Über die Zeit. 3. Auflage. Frankfurt/M: Suhrkamp Taschenbuch.

Feldmann, Thomas (2006): Religion unterrichten im Zeitalter der Beschleunigung. Katholische Religionslehre am Berufskolleg als Entschleunigung. In: Rabs. Religionspädagogik an berufsbildenden Schulen, 1, (12-13).

Forster, Edgar (2003): Das Unverfügbare. In: Liebau, Eckart et al. (Hrsg.) (2003) (13-21).

Häfner, Steffen (2004): Immer auf Achse – Mobilität und ihre Folgen. In: DKPM-Pressekonferenz vom 04.03.2004 "Arbeit und Familie – Lebensfelder seelischer Gesundheit", (1-2).

Hofmann, Tina (2008): Erfolge ohne Nachhaltigkeit. In: Blätter der Wohlfahrtspflege. Deutsche Zeitschrift für Sozialarbeit, 2, (50-53).

Holzapfel, Günther (2002): Leib, Einbildungskraft, Bildung. Bad Heilbrunn: Verlag Julius Klinkhardt.

Kamper, Dietmar (1997): Mensch. In: Wulf (Hrsg.) (1997).

Kamper, Dietmar (1989): Tod des Körpers – Leben der Sprache: Über die Intervention des Imaginären im Zivilisationsprozess. In: Gebauer, Gunter et al.: Historische Anthropologie. Zum Problem der Humanwissenschaften heute oder Versuche einer Neubegründung, Reinbek bei Hamburg, (49-81).

Kamper, Dietmar (1973): Geschichte und menschliche Natur. Die Tragweite gegenwärtiger Anthropologiekritik. München: Carl Hanser Verlag.

Könemann, Judith (2006): Entschleunigung schafft Nachhaltigkeit. Aufgabe und Chancen des Lernens in Heimvolkshochschulen. In: Erwachsenenbildung. EB. Vierteljahresschrift für Theorie und Praxis, 4, (166-170).

Liebau, Eckart/Peskoller, Helga/Wulf, Christoph (Hrsg.) (2003): Natur: Pädagogisch-anthropologische Perspektiven, Weinheim, Basel, Berlin: Beltz Verlag.

Liebau, Eckart/Peskoller, Helga/Wulf, Christoph (2003): Einleitung. In: Liebau, Eckart et al. (Hrsg.) (2003), (7-10).

Miller-Kipp, Gisela (2003): Eine technische Auffassung der Natur des Menschen wird von der Gehirnbiologie nicht unterschrieben. Zur kritischen Gemeinsamkeit zwischen kognitiver Neurobiologie und pädagogischer Anthropologie. In: Liebau, Eckart et al. (Hrsg.) (2003), (161-179).

Piper, Ernst (1997): Mobilität. In: Wulf, Christoph (Hrsg.) (1997), (198-201).

Reichholf, Josef H. (2008): Warum die Menschen sesshaft wurden. München: Fischer Verlag.

Schinkel, Andreas (2008): Konkreative Sozialgenese. Versuch einer Phänomenologie der Freundschaft. In: Baader, Meike Sophia et al. (Hrsg.) (2008): Die Kultur der Freundschaft: Praxen und Semantiken in anthropologisch-pädagogischer Perspektive, Weinheim und Basel: Beltz Verlag, (26-39).

Schneider, Nobert F. (2008): Sedentary or Mobile? The Mobility of the European Workforce, 18 Seiten. Vortrag auf der Konferenz "Job Mobilities in Europe, Relevance, Consequences and New Challenges" in Brüssel am 17.10.2008. In: http://www.jobmob-and-famlives.eu (eingesehen am 12.11.2008).

Schneider, Norbert F. (2004): Berufliche Mobilität in Zeiten der Globalisierung. In: Psychosozial, 1, (21-34).

Schrage, Sigrid (2009): Menschenbild und Leiblichkeit. Eine philosophisch-anthropologische Studie nach der Phänomenologie Merleau-Pontys, Stuttgart: ibidem-Verlag.

Sennett, Richard (2008): Der flexible Mensch, 4. Auflage, Berlin: Berliner Taschenbuch Verlag.

Steffensky, Fulbert (2005): Schwarzbrot-Spiritualität. Stuttgart: Radius Verlag.

Sting, Stephan (1997): Straße. In: Wulf, Christoph (Hrsg.) (1997), (202-211).

Von der interkulturellen Erfahrung zur transkulturellen Begegnung – und zurück

VCÖ (2004): Kinder leiden besonders unter Verkehrswachstum, Pressemitteilung vom 27.05.2004. In: http://www.vcoe.at/start.asp?b=1&ID=2040 (eingesehen am 10.11.2008).

Virilio, Paul (1997): Die Eroberung des Körpers: Vom Übermenschen zum überreizten Menschen, Frankfurt/M.: Fischer Taschenbuch Verlag.

Virilio, Paul (1996): Der negative Horizont: Bewegung, Geschwindigkeit, Beschleunigung, Frankfurt/M.: Fischer Taschenbuch Verlag.

Von Werlhof, Claudia (2003): Natur: Mutter – Mimesis – Maschine? In: Liebau, Eckart et al. (Hrsg.) (2003) (30-50).

Wulf, Christoph (2003): Auf der Suche nach der Natur. Der Körper als Bezugspunkt der Anthropologie. In: Liebau, Echart et al. (Hrsg.) (2003) (205-215).

Wulf, Christoph (1997) (Hrsg.): Vom Menschen. Handbuch Historische Anthropologie, Weinheim und Basel: Beltz Verlag.

Wulf, Christoph/Zirfas, Jörg (1994): Pädagogische Anthropologie in Deutschland: Rückblick und Aussicht. In: Wulf, Christoph/Zirfas, Jörg (Hrsg.) (1994): Theorien und Konzepte der pädagogischen Anthropologie, Donauwörth: Verlag Ludwig Auer (7-27).

Zur Lippe, Rudolf (1997): Raum. In: Wulf, Christoph (Hrsg.) (1997), (169-179).

Transkulturelles Lernen als (wissenschaftlicher) Erkenntnisprozess der Anderheit[1]

In meiner Dissertation "Erwachsenenbildung als transkulturelle Dialogik" (1998) entwickle ich anhand der Sozialphilosophie Martin Bubers ein transkulturelles Handlungskonzept für die Erwachsenenpädagogik in der modernen multikulturellen Gesellschaft. Dort heißt es:

> "Mit transkultureller Erwachsenenbildung ist die pädagogische Interaktion gemeint, durch die ErwachsenenbildnerInnen in der modernen Gesellschaft ihren AdressatInnen Intersubjektivität und globale Verantwortungsübernahme vermitteln wollen. Transkulturelles Handeln steht in Analogie zu BUBERs dialogphilosophischen Begriffen für eine Subjekt-Subjekt-Begegnung. Mit Transkulturalität wird danach die Lebenspraxis bezeichnet, in der transkulturelles Handeln wie ein "Ich-Du" geschieht. Als "soziales Prinzip" kann es Pluralität und Akzeptanz eines Einzelnen oder einer Anderen ermöglichen" (ebd., S. 5).

Wie ErwachsenenbildnerInnen transkulturelles Handeln lernen können, erkläre und begründe ich dialogphilosophisch. Dabei erweitere ich qualitativ Schmitz' Ansatz (1984) für die Erwachsenenbildung, der diese als lebensweltbezogenen Erkenntnisprozess beschreibt, indem ich darlege, dass sich die "dialogische Lebensform als Ausdruck einer Ethik zum existentiellen Standhalten gegenüber der Risikogesellschaft" (Muth 1998, S. 187) erweist und ErwachsenenpädagogInnen ein solche Fähigkeit erwerben können. Die damit verbundene Lebenspraxis und Kultur nenne ich Transkulturalität. Dieser Begriff impliziert auch das für den dialogischen Bildungsprozess notwendige Vertrauen:

> "Transkulturalität zeigt sich im Beziehungshandeln als etwas 'Drittes', das sich von Situation zu Situation als wandelndes Bild von Zwischenmenschlichkeit entpuppt. Eine Betrachtung liegt darin, das Dritte als ein Risiko zum Vertrauen zu betrachten, das dialog-etymologischen Sinn *Sich-selbst-an-eine-andere-Stelle-Wagen* bedeuten könnte" (ebd., S. 207 – Hervorhebungen im Original).

---

[1] Leicht überarbeiteter Auszug aus der Habilitation „Dialogische Pädagogik: Identitätsbildung durch die Andersheit" (2007) von Dr. Cornelia Muth.

Mit dem Begriff des Dritten ist das *Du* im Dialog bzw. die *Anderheit* des Anderen gemeint. Letztere ist für gelingende Identitätsbildung ein Antwort gebendes, ein verantwortendes Gegenüber. Kurz gesagt mit Buber: "Ich werde am Du; Ich werdend spreche ich Du. Alles wirkliche Leben ist Begegnung" (ders. 1962, S. 85).

Wie diese identitätsbildende Wirklichkeit mit der Anderheit, d. h. der Dialog zwischen Ich und Du in Bildungsprozessen wahrgenommen, vermittelt und wissenschaftlich begründet werden kann, sind leitende Fragestellungen meiner oben genannten Schrift. Somit liegt die Ausrichtung in didaktischen bzw. methodologischen Reflexionen. Ziel war und ist eine interdisziplinäre erziehungswissenschaftliche Perspektive im Rahmen der Weiterentwicklung dialogischer Pädagogik als angewandte Wissenschaft in Hinblick auf pädagogische Handlungspraxis (vgl. Wulf et al. 2001, 20ff.). Die Interdisziplinarität ergibt sich einerseits durch den Bezug auf das Werk von Buber, dessen Schriften sich nicht nur auf Erziehungswissenschaft, sondern beispielsweise auf Philosophie – er selbst spricht von dialogisch-personaler Anthropologie (vgl. Jacobi 2005, S. 73) –, Sozialpsychologie und Sprachwissenschaft beziehen, sondern auch aus der pädagogischen Disziplin selbst, die durch ihre Lebensbezogenheit angewiesen ist, Erkenntnisse aus anderen Humanwissenschaften, wie z. B. der Genderforschung in ihr Denken aufzunehmen (vgl. Muth 1997 und 1999).

Meine Überlegungen zur identitätsbildenden Wirklichkeit mit der Andersheit sind einerseits der anthropologischen Diskussion in der Erziehungswissenschaft von Wulf (2005, 2001a und b) über mimetische Bildungsprozesse zu zuordnen, wenn der Autor mimetisches Lernen als interkulturelles beschreibt und dadurch eine Annäherung an das Fremde möglich sieht. Andererseits erlebt die erziehungswissenschaftliche Rezeption der Buberschen Dialogpädagogik eine Renaissance (vgl. Sontag 2007 und Gerdes 2001). Hug (1999) verweist in seinem Artikel "Dialogische Pädagogik im Zeitalter der neuen Informations- und Kommunikationstechnologien" dabei auf die Ähnlichkeiten und Überschneidungen mit der humanistischen Pädagogik (vgl. Buddrus 1996, Dauber 1997 und Muth 2007a).

Die Frage nach dem Dritten war und ist weiterhin eine Frage in der Ästhetischen Bildung, wenn dort Bezüge zu Schillers "dritten Zustand", dem ästhetischen hergestellt werden (vgl. Hentschel 2003). Damit will Schiller geistige und sinnliche Wahrnehmung vereinen und gleichzeitig auf den kontingenten Status Quo dieses Zustandes hinweisen. Auch Mollenhauer spricht diesbezüglich von einem "Zwischenfeld" (ebd.). Doch beziehen sich diese Aussagen über das Zwischen, wie die von Fischer-Lichte (ebd.) auf den Gestaltungsraum zwischen künstlerischem Subjekt und Objekt.

Für die Erwachsenenbildung zeigt Holzapfel (2002) einen Weg auf, welche Rolle Leib und Einbildungskraft beim Identitäts-Lernen spielt. In dieser Hinsicht hat Bürmann (1997) die Chancen und Grenzen didaktischer Reflexionen herausgearbeitet. Sie kommt zu der Erkenntnis, dass die pädagogische Aufgabe gerade darin besteht,

"... stützende und fördernde Kontextbedingungen zu schaffen und dem einzelnen Subjekt sowohl nachzugehen und 'anzuknüpfen' an seine Erfahrungen als auch es herauszufordern, sich mit Neuem bzw. einer anderen Sicht auf diese Erfahrungen einzulassen und es dabei in seinen Suchbewegungen bestärkend zu begleiten" (ebd., S. 18f. – Hervorhebung im Original).

Philosophisch setzen sich insbesondere Welsch (1994) mit der Anderheit und Böhme/Böhme (1992) mit dem "Anderen der Vernunft" auseinander. Alle Autoren fordern die Anerkennung von Differenz und grundsätzlicher Pluralität in Hinblick auf verschiedene Bewusstseinsformen wie Spezifizitäts- und Partikularitätsbewusstsein. Sensibilität für die vielen Anderheiten ist Ziel ihres Philosophierens. Toleranz ist nach Welsch gerade nicht, das Annehmen von Defiziten, sondern die Sensibilität für Differenz in der Heterogenität.

Insbesondere Deleuze und Lyotard weisen auf die nicht systematisch erfassbare Anderheit und auf die Unmöglichkeit des Vergleichs mit anderen Anderheiten hin (vgl. Ott 2005). Für Deleuze gibt es weder Referenz noch Bestimmung, sondern nur noch einen unbestimmten Werdensprozess der vielen Anderheiten. Fluchtpunkt ist dabei das "Unwahrnehmbar-Werden".

Eine große philosophische Nähe zu meiner Fragestellung ist im phänomenologischen Werk von Levinas zu finden (vgl. Muth et al. 2000). Der Respekt vor dem

Dritten, dem ganz Anderen ist für Levinas eine Frage der Verpflichtung und Verantwortung bei gleichzeitiger Aufgabe des totalisierenden Identitätsdenkens. Das Ich des Anderen liegt für ihn zwischen Erinnerungsbild und Bilderverbot. Infolgedessen geht es beim Vertrauen um die "Begegnung der Alterität in der Exteriorität" (vgl. Gelhard 2002).

Aus phänomenologischer Perspektive ist gleichfalls die pädagogische Diskussion über Intersubjektivität hervorzuheben. Wiederum werden Ähnlichkeiten und Übereinstimmungen zwischen Bubers Sicht und der von Maurice Merleau-Ponty deutlich (vgl. Meyer-Drawe 2001, Woo 2007):

" ... er (der Mensch – CM) ist eine Person unter den anderen Personen, und die anderen sind andere Er-selbst. Aber wenn er dagegen erkennt, inwiefern das Leben in einem Körper einmalig ist, erscheint ihm der andere notwendig als Qual, Neid oder zumindest als Beunruhigung. Durch seine Körperlichkeit gezwungen, einem anderen unter die Augen zu treten und sich vor ihm zu rechtfertigen und dennoch durch eben dieselbe Körperlichkeit an seine eigene Situation gekettet, fähig, Mangel und Bedürfnis des anderen zu empfinden, aber unfähig, im anderen seine Ruhe zu finden, ist er in dem Hin und Her des Für-sich-Seins und des Für-den-anderen-Seins befangen ..." (Merleau-Ponty 1984, S. 122).

In der Psychologie greift Willi (2002) auf die Dialogphilosophie zurück, um Liebe als Form von Vertrauen zwischen zwei Menschen zu erklären. Er sagt sogar, dass Bubers "Ich und Du" die philosophische Grundlage seines Konzeptes "ökologische Psychotherapie" bildet (ebd., S. 107-110).

Aus sozialpsychologischer Perspektive zeigt Israel (2003) den Unterschied zwischen einer intrapsychischen und relationistischen Sichtweise auf und bezieht sich bei letzteren insbesondere auf das Dialogische Prinzip Martin Bubers (ebd., S. 95 und ders. 1995).

Ähnlich argumentiert der Psychoanalytiker Joel Whitebook (2006, S. 1025), wenn er den analytischen Respekt vor dem Klienten verdeutlichen will. Er bezieht sich dabei auf Poland und spricht vom "essentiellen Anderssein des Patienten". Gleichzeitig fordert er auf, "die besondere Form der Objektliebe des Analytikers zum Patienten zu erhellen" (ebd., S. 1027).

Ebenso wird in der Psychoanalyse die intersubjektive oder auch "kontextualistische Sichtweise" (Orange et al. 2001) und damit eine relationale Sicht, d. h. eine neue Verbindung zwischen dem Selbst und dem Anderen diskutiert (vgl. Altmeyer/Thomä 2006 und Wirth 2004). Aus der kontextualistischen Perspektive soll u. a. in Anlehnung an Winnicott auf den "kreativen und spielerischen Geist" hingewiesen werden, wenn Intersubjektivität den vertrauensvollen Organisationsprozess von 'alten' und neuen Erfahrungen zwischen Klient und Therapeut beschreibt (Orange et al. ebd., S. 127).

Die Verbindungen zwischen Gestalttherapie und Dialogphilosophie sind im Rahmen der wissenschaftlichen Zuordnung schon Legion (Doubrawa et al. 2003, Fuhr et al. 1999). Insbesondere die Beziehung zwischen Therapeut und Patient wird hier als dialogische angestrebt.

Petzold (1993) spricht diesbezüglich von "schöpferische Leiblichkeit", die in der phänomenologischen Wahrnehmung von Mensch und Welt gefunden werden kann. Der Mensch lebt jedoch heute in einer Form von Hyperexzentrizität und braucht dafür erst einmal eine neue Form von Zentrierung, die der Mensch in zwischenmenschlichen Gestaltungs- und Vergegenwärtigkeitsprozessen wieder gewinnen kann.

Hüther (2002) zeigt für die Neurowissenschaften, wie wichtig zwischenmenschliche Achtsamkeit für eine neuronale Veränderung in menschlichen Gehirnen ist. Schließlich bezieht sich auch die gegenwärtige Verantwortungsdiskussion in der Medizin auf die dialogische Sicht Bubers (vgl. Geisler 2002, Kamps 2004, Salomon 2005 und Spitzy 2002).

Buber hat selbst keine systematische Didaktik entwickelt. Eine beispielhafte Auswahl von Zitaten spiegeln seine Haltung wider: Er wollte kein pädagogisches System entwickeln, sondern vielmehr auf den sozialen zwischenmenschlichen Raum, der für Intersubjektivität notwendig und durch das "gesprochene Wort" hervorzubringen ist, hinweisen:

1. "Ich habe keine 'Lehre'. Ich habe nur die Funktion, auf solche Wirklichkeiten hinzuzeigen. Wer eine Lehre von mir erwartet, die etwas anderes ist als eine Hinzeigung dieser Art, wird stets enttäuscht werden. Es will mir jedoch scheinen, daß es in unserer Weltstunde überhaupt nicht darauf ankommt, feste Lehre zu besitzen, sondern darauf, ewige Wirklichkeit zu erkennen und aus ihrer Kraft gegenwärtiger Wirklichkeit standzuhalten. Es

ist in dieser Wüstennacht kein Weg zu zeigen; es ist zu helfen, mit bereiter Seele zu beharren, bis der Morgen dämmert und ein Weg sichtbar wird, wo niemand ihn ahnte".[2]

2. "Ich muß es immer wieder sagen: Ich habe keine Lehre. Ich zeige nur etwas. Ich zeige Wirklichkeit, ich zeige etwas an der Wirklichkeit, was nicht oder zu wenig gesehen worden ist. Ich nehme ihn, der mir zuhört, an der Hand und führe ihn zum Fenster. Ich stoße das Fenster auf und zeige hinaus.

Ich habe keine Lehre, aber ich führe ein Gespräch".[3]

3. "Und noch ein Drittes ergibt sich aus alledem: die Erkenntnis, daß es hier, im Bereich der Charaktererziehung, der Ganzheitserziehung, nur *einen* Zugang zum Zögling gibt, dessen *Vertrauen*. ... Vertrauen bedeutet Durchbruch aus der Verschlossenheit, Sprengung der Klammer, die um ein unruhiges Herz gelegt ist, aber es bedeutet keine unbedingte Zustimmung" (Hervorhebungen im Original – CM).

Da nach Buber der moderne Mensch ewigkeitsblind geworden ist, muss der Pädagoge

"... auf den Bezirk hinweisen, in dem sie (die Menschen – CM) selber von Zeit zu Zeit, in Stunden, wo einer ganz allein mit sich ist, die Erkrankung in jähen Schmerzen verspüren: auf das Verhältnis des Einzelnen zu seinem eigenen Selbst."[4]

Die Wiederentdeckung des "realen persönlichen Selbst" kommt damit in den Vordergrund dialogischer Bildungsarbeit. Konzeptionell und praktisch gilt infolgedessen für den Dialogpädagogen, sich für diese Wirklichkeit, in der die Andersheit im Zwischen von Ich und Du wahrgenommen werden kann, zu öffnen, um sie durch authentische Gesprächseinladungen initiieren und mitgestalten

---

[2] Mit diesem Satz schließt Buber (1978) sein Nachwort in der chassidischen Chronik "Zwischen Zeit und Ewigkeit – Gog und Magog". Heidelberg: Lambert Schneider, S. 407f. Hier wie im Aufsatz über "Bilder von Gut und Böse" geht Buber der Fragestellung nach, wie das Problem des Bösen zu lösen sei (ders. 1962, S. 605-782).

[3] Martin Buber. Hrsg. Von Paul Arthur Schilpp und Maurice Friedman (1963). Stuttgart: Kohlhammer, S. 592f.

[4] In: Buber 2005, S. 333.

zu können. Ein letztes Zitat soll noch einmal den *Vater* der Dialogpädagogik sprechen lassen:

"Erst wenn der Einzelne den Anderen, in all seiner Anderheit, als sich, als den Menschen erkennt und von da aus zum Anderen durchbricht, wird er, in einer strengen und verwandelnden Begegnung, seine Einsamkeit durchbrochen haben. ... Diese Sphäre ... nenne ich die Sphäre des Zwischen. Sie ist eine Urkategorie der menschlichen Wirklichkeit... Jenseits des Subjektiven, diesseits des Objektiven, auf dem schmalen Grat, darauf Ich und Du sich begegnen, ist das Reich des Zwischen" (Buber 1982, S. 164ff.).[5]

Buber ist unermüdlich aus verschiedenen Perspektiven auf das Zwischen hinzuweisen, das durch die Einheit von Sprache und bewusstem Denken mitgestaltet wird und wiederum durch Sprache und damit auch durch bewusstes Denken kaum zu erfassen ist (vgl. Israel 1995, S. 169). In Anlehnung an die Sprachkritik Mauthners, mit dem Buber in regem kollegialen Austausch stand, geht er davon aus, dass Ansprache zwischen den Menschen und Denken und Sprechen als eine einheitliche sprechende Bewegung geschehen:

"Das Wort bewegt eine Luft und diese die nächste, bis es zu dem Menschen gelangt, der empfängt das Wort des Genossen und empfängt seine Seele darin und wird darin erweckt" (Buber nach Biemann 2003, S. 42f.).

Dass Sprache und Denken mit Handeln gleichgesetzt werden, ist Charakteristikum des so genannten Neuen Denkens, das Bubers Freund und Kollege Franz Rosenzweig mitentwickelt. Philosophisches Denken wirkt demnach nur, wenn es auch eine "Methode des Sprechens" gibt. Hier wird der Bezug zu Rosenstock-Huessy deutlich, der von einem "Imperativ der Verwandlung" spricht: Indem der Mensch antwortet, riskiert er Veränderung. Diesen Imperativ transferiert Buber auf gesellschaftliche Probleme. Sprache kann Frieden bewirken, wenn sie sich im vertrauensvollen und gegenseitigen Handeln ausdrückt. Demnach ist Sprache neben "Bestand und Besitz" insbesondere "Begebnis", das Menschen sozial neu binden kann (vgl. Buber 1962b, Muth 2003a und 2003b).

Biemann (2003) begreift Bubers Auffassung von Sprache deswegen als einen Ausdruck von Menschlichkeit an sich und infolgedessen "... war jede Sprechkri-

---

[5] Martin Buber (1982): Das Problem des Menschen. Heidelberg: Lambert Schneider, S. 164ff.

se für Buber eine Krise des Menschen und eine Krise der Menschlichkeit" (ebd., S. 68). Letztere kann durch ein neues Vertrauen in das leibhaftige Sprechen mit der Anderheit, d. h. durch Ansprache beeinflusst werden. Wenn der Mensch wahrhaftig in seiner Sprache steht, kann die Wahrheit als Wort auf das Gegenüber wirken. Das Verwirklichen des vertrauensvollen Handelns zwischen den Menschen steht infolgedessen im Dialogischen Prinzip im Vordergrund. Es muss getan, hergestellt und immer wieder neu in die Welt gebracht werden. Dieses Phänomen lässt sich am besten mit dem von Wulf et al. (2006) entwickelten neuen Fokus erziehungswissenschaftlicher Forschung beschreiben und begründen. Bildung wird hier als performativer Prozess gesehen. Bildungstheoretische Kennzeichen von Performativität liegen in der phänomenalen Prozessorientierung und im Herstellen von neuer Wirklichkeit, die unmittelbar an den Leib gebunden ist (vgl. Dauber 1997). Das neu Gestaltete wird durch ästhetische wie aisthetische Haltungen wahrgenommen. Lernen ist infolgedessen nicht nur ein kognitives, sondern auch ein körperliches und soziales. Der performative Charakter des Dialogischen Prinzips liegt meines Erachtens in der leibhaftigen Vergegenwärtigung eines zwischenmenschlichen Gestaltungsraumes, methodologisch genauer gesagt in einer wahrhaftigen *ästhetischen Aufführung von Ethik*, d. h. in einem würdevollen und von wechselseitigem Respekt getragenen konkreten Gespräch.

Die Anwendung meiner dargelegten Erkenntnisse fanden im so genannten Dante-Forschungsprojekt statt, dessen Ziel die Weiterentwicklung einer professionellen sozialpädagogischen Dialogkompetenz in Hinblick auf Phänomene von Gewalt und Aggression von MultiplikatorInnen in der Sozialen Arbeit und interkulturellen Erwachsenenbildung gewesen ist. Inhaltlich ging es um eine ästhetisch-ethische Wahrnehmungskompetenzerweiterung. Beruht die Grundlage einer professionellen Dialogkompetenz auf der Anerkennung und Herstellung zwischenmenschlicher Würde, wurde konzeptionell und praktisch die neue Kompetenz erweitert mit Einsichten über Zorn, Angst, Scham, Grenzen und Abwertung (vgl. Muth und Nauerth 2010).

Diese und weitere Erkenntnisse stehen in Verbindung mit den phänomenologischen Schriften Merleau-Pontys. In seinen Arbeitsnotizen über "Das Sichtbare und das Unsichtbare" (1986) zeigt der Autor eine analytische Tiefe bezüglich des "Unberührbaren" und "Nichturpräsentierbaren" von Identitäts-Bildungsprozessen, die die Unverfügbarkeit des Anderen und die existentielle Angewiesenheit auf die Anderheit des Anderen in pädagogischen Prozessen verdeutlicht. Das Ringen um die damit verbundene Bewusstheit betrachte ich als ständige Auseinandersetzung zwischen dem "humanen und contra-humanen Kräften"[6] und bleibt eine dauerhafte Herausforderung für alle an Bildungsprozesse beteiligten Menschen. Methodologisch vermitteln lässt sich – noch einmal kurz gefasst – diese Bewusstheit durch direkte Ansprache an und zwischenmenschliche Verantwortung für die Anderheit.

Literaturverzeichnis

Altmeyer, M./H. Thomä (Hg.) (2006): Die vernetzte Seele. Die intersubjektive Wende in der Psychoanalyse. Stuttgart: Klett-Cotta.

Biemann, A. (2003): Einleitung. In: Buber 2003, S. 9-68.

Böhme, H./G. Böhme (1992): Das Andere der Vernunft. Zur Entwicklung von Rationalitätsstrukturen am Beispiel Kants. 2. Auflage. Frankfurt/M.: Suhrkamp.

Buber, M. (2005): Werkausgabe Nr. 8, Schriften zu Jugend, Erziehung und Bildung. Gütersloh: Gütersloher Verlagshaus.

Buber, M. (2003): Werkausgabe Nr. 6, Sprachphilosophische Schriften. Gütersloh: Gütersloher Verlagshaus.

Buber, M. (1994): Nachlese. 3. Auflage. Gerlingen: Schneider Verlag.

Buber, M. (1982): Das Problem des Menschen. Heidelberg: Verlag Lambert Schneider.

Buber, M. (1962): Werke. Erster Band. Schriften zur Philosophie. München/Heidelberg: Kösel Verlag.

Buddrus, V. (1996): Humanistische Erziehungswissenschaft. In: Hierdeis, H./Th. Hug (Hg.): Taschenbuch der Pädagogik, 4 Bände. Baltmannsweiler: Schneider-Verlag Hohengehren, S. 386-399.

Bürmann, I. (1997): Überwindung des Dualismus von Person und Sache. Annäherungen an bildendes Lehren und Lernen. Bad Heilbrunn: Klinkhardt.

Dauber, H. (1997): Grundlagen Humanistischer Pädagogik. Integrative Ansätze zwischen Therapie und Politik. Bad Heilbrunn: Klinkhardt.

---

[6] Das Bild des "homo humanus" gegen den "homo contrahumanus" benutzt Buber in seiner viel beachteten Rede "Das echte Gespräch und die Möglichkeit des Friedens" anlässlich der Preisverleihung durch den Deutschen Buchhandel 1953 (ders. 1994, S. 201).

Doubrawa, E. (2002): Die Seele berühren. Erzählte Gestalttherapie. Wuppertal: Peter Hammer Verlag.

Doubrawa, E./Frank-M. Staemmler (Hg.) (2003): Heilende Beziehung. Dialogische Gestalttherapie. 2. erw. Auflage. Wuppertal: Peter Hammer Verlag.

Fuhr, R./M. Sreckovic/M. Gremmler-Fuhr (Hg.) (1999): Handbuch der Gestalttherapie. Göttingen: Hogrefe.

Gelhard, D.(2002): Meta-Dialog: Levinas' Philosophie als etho-poiethisches Konzept. Frankfurt/M.: Peter Lang

Geisler, L. S. (2002): Arzt-Patient-Beziehung im Wandel – Stärkung des dialogischen Prinzips. Online: http://www.linus-geisler.de/art2002/0514enquete-dialogisches.html (16.02.2005).

Gerdes, L. (2001): Dialogik im Partnerkontaktsport. Anthropologische Grundlagen für eine sportpädagogische Theorie der Leibeserziehung vor dem Hintergrund der Dialogphilosophie Martin Bubers. Dissertation. Hamburg.

Hentschel, U. (2003): Ästhetische Bildung. In: Koch, G./M. Streisand (Hg.): Wörterbuch der Theaterpädagogik. Milow: Schibri, S. 9-11.

Holzapfel, G. (2002): Leib, Einbildungskraft, Bildung. Nordwestpassagen zwischen Leib, Emotion und Kognition in der Pädagogik. Bad Heilbrunn: Klinkhardt.

Hüther, G. (2002): Bedienungsanleitung für ein menschliches Gehirn. 3. Auflage. Göttingen: Vandenhoeck&Ruprecht.

Hug, Th. (1999): Dialogische Pädagogik im Zeitalter der neuen Informations- und Kommunikationstechnologien. In: Mitteilungen des Instituts für Wissenschaft und Kunst: Toleranz – Minderheiten – Dialog. Teil II. Wien, 1, S. 18-26.

Israel, Joachim (2003): Handlung und Interaktion. Eine Einführung aus sozialpsychologischer Perspektive. Kassel: Kassel University Press.

Israel, Joachim (1995): Martin Buber: Dialogphilosophie in Theorie und Praxis. Berlin: Duncker & Humblot.

Jacobi, J. (2005): Einleitung. In: Buber (2005), S. 11-76.

Kamps, H. (2004): Der Patient als Text – Metaphern in der Medizin. Skizzen einer dialogbasierten Medizin. In: Zeitschrift für Allgemeine Medizin, 80, S. 438–442.

Merleau-Ponty, M. (1984): Das Auge und der Geist. Philosophische Essays. Hamburg: Felix Meiner Verlag.

Merleau-Ponty, M. (1984a): Der Mensch und die Widersetzlichkeit der Dinge. In: Ders. (1984), S. 115–134.

Merleau-Ponty, M. (1986): Das Sichtbare und das Unsichtbare – gefolgt von Arbeitsnotizen. München: Fink Verlag.

Meyer-Drawe, K. (2001): Leiblichkeit und Sozialität: phänomenologische Beiträge zu einer pädagogischen Theorie der Inter-Subjektivität. 3. Auflage. München: Fink.

Muth, C. (2007a): Dialogische Pädagogik oder Gestaltansatz im pädagogischen Feld. In: Gestaltkritik, 1, S. 5-7.

Muth, C. (2004): Zum Hintergrund von Ich und Du. In: Gestaltkritik, 2, 2004, S. 12-17.

Muth, C. (2003a): Der Dialog, sozial/pädagogisch. In: Koch, G. et al. (Hg.): Wörterbuch der Theaterpädagogik. Milow: Schibri, S. 74-75.

Muth, C. (2003b): Das Dialogische – ein Zwischen in der Vielfalt der Anderheiten – eine dialogische Perspektive auf die Gender- und Frauenforschung, in: IFF-Info, Zeitschrift des Interdisziplinären Frauenforschungs-Zentrum der Universität Bielefeld, 25, S. 43-52.

Muth, C. (1999): Mut und Verantwortung als feministische Übergangsphänomene, in: Fischer, D./B. Friebertshäuser/E. Kleinau (Hg.): Neues Lehren und Lernen an der Hochschule. Einblicke und Ausblicke, Weinheim: Juventa, S. 157-167.

Muth, C. (1998): Erwachsenenbildung als transkulturelle Dialogik. Schwalbach/Ts.: Wochenschau.

Muth, C. (1997): Wissenschaftlerinnen und Studentinnen im Dialog mit ihrer Körpersozialisation, in: Macha, H./M. Klinkhammer (Hg.): Die andere Wissenschaft. Stimmen von Frauen an Hochschulen, Bielefeld: Kleine, S.187-195.

Muth, C./T. Kron (2000): Hearing Lévinas and the Revelation of Responsibilty, in: Fritsch-Oppermann, S. (Hg.): Das Antlitz des Anderen. Emmanuel Lévinas' Philosophie und Hermeneutik als Anfrage an Ethik, Theologie und interreligiösen Dialog. Rehburg-Loccum 2000: Ev. Akademie Loccum, S.185-196.

Muth, C./Nauerth, A. (2010) (Hg.): Vertrauen gegen Aggression. Das Dialogische Prinzip als Mittel der Gewaltprävention. Schwalbach/Ts.: Wochenschau.

Orange, D. M./G. E. Atwood/R. D. Stolorow (2001): Intersubjektivität in der Psychoanalyse. Kontextualismus in der psychoanalytischen Praxis. Frankfurt/M.: Brandes & Apsel.

Ott, M. (2005): Gilles Deleuze zur Einführung. Hamburg: Junius.

Petzold, H. G. (1993): Integrative Therapie: Modelle, Theorien und Methoden für eine schulübergreifende Psychotherapie, 3 Bände. Paderborn: Jungfermann.

Salomon, F. (2005): Der zeitgemäße Arzt. Selbstbild und Selbstverständnis des Arztes in der modernen Medizin. In: universitas, 2, S. 162–172.

Schmitz, E. (1984): Erwachsenenbildung als lebensweltbezogener Erkenntnisprozess. In: D. Lenzen (Hg.): Enzyklopädie Erziehungswissenschaft. Band 11. Stuttgart: Klett-Cotta Verlag, S. 95–123.

Sontag, D. (2007): Die modernen Kommunikationsmittel und das Dialogische Prinzip. Krisis oder Chance für unser Menschsein? – Eine dialogphilsosophische Reflexion unserer zwischenmenschlichen Beziehungen im Zeitalter der Mediatisierung. Stuttgart: ibidem-Verlag.

Spitzy, K. H. (2002): Verantwortung in der Medizin – aus dialogischer Sicht. In: WMW, 13/14, S. 330-333.

Von der interkulturellen Erfahrung zur transkulturellen Begegnung – und zurück

Stockmeyer, A-Ch. (2004): Identität und Körper in der (post)modernen Gesellschaft: zum Stellenwert der Körper/Leib-Thematik in Identitätstheorie. Marburg: Tectum-Verlag.

Welsch, W. (1994): Ästhet/hik – Ethische Implikationen und Konsequenzen der Ästhetik. In: C. Wulf/D. Kamper/H. U. Gumbrecht (Hg.): Ethik der Ästhetik. Berlin: Akademischer Verlag, S. 3–22.

Whitebook, J. (2006): Wissenschaft und Religion: Zur Problematik von Objektivität und Kritik der Psychoanalyse, in: Psyche, 9/10, S. 1018-1039.

Willi, Jürg (2002): Psychologie der Liebe. Persönliche Entwicklung durch Paarbeziehungen. Stuttgart: Klett-Cotta.

Wirth, H.-J. (Hg.) (2004): Das Selbst und der Andere. Die relationale Psychoanalyse in der Diskussion. In: Psychosozial, 97.

Woo, Jeong-Gil (2007): Responsivität und Pädagogik: die Bedeutung der responsiven Phänomenologie von Bernhard Waldenfels für die aktuelle phänomenologisch orientierte Erziehungsphilosophie. Hamburg: Kovac.

Wulf, Ch. (2005): Zur Genese des Sozialen, Mimesis, Performativität, Ritual. Bielefeld: Transcript.

Wulf, Ch. (2001a): Rituelles Handelns als mimetisches Wissen. In: Ch. Wulf/B. Althans, /K. Audehm/C. Bausch/M. Göhlich/St. Sting/A. Tervooren/M. Wagner-Willi/J. Zirfas: Das Soziale als Ritual. Zur performativen Bildung von Gemeinschaften. Opladen: Leske + Budrich, S. 325-347.

Wulf, Ch. (2001b): Mimesis und Performatives Handeln. Günther Gebauers und Christoph Wulfs Konzeption mimetischen Handelns in der sozialen Welt. In: Ch. Wulf/M. Göhlich/J. Zirfas 2001, S. 253-272.

Wulf, Ch./J. Zirfas (2006): Bildung als performativer Prozess – ein neuer Fokus erziehungswissenschaftlicher Forschung. In: Fatke, R./Hans Merkens: Bildung über Lebenszeit. Wiesbaden: VS Verlag für Sozialwissenschaften, S. 291-301.

Wulf, Ch./M. Göhlich/Jörg Zirfas (2001) (Hg.): Grundlagen des Performativen. Eine Einführung in die Zusammenhänge von Sprache, Macht und Handeln. Weinheim und München: Juventa.

Dialogpädagogische Reflexion über transkulturelle Erwachsenenbildung in Aktion[1]

Zusammenfassung
Ziel transkultureller Erwachsenenbildung ist der pluralistische Dialog unter Kulturen, Nationen und individuellen Lebensformen, ohne dabei die jeweilige Andersheit definieren zu können und kontrollieren zu wollen. Vielmehr steht der erfahrbare Respekt aus Sicht dialogischer Pädagogik im Vordergrund. Die folgende Praxisreflexion thematisiert u. a. Empfindungen wie Scham und Schuld, Liebe und Hass, die zu wenig im Gewahrsein von ForscherInnen wie PraktikerInnen in Hinblick auf den Nahost-Konflikt sind.

Vorbemerkung
Nicht nur die aktuellen Feierlichkeiten zum 60. Jahrestag der Gründung des Staates Israel veranlassen mich, transkulturelle Workshops, die ich in den Jahren 1998, 1999 und 2000 im Auftrag des Arbeitskreises deutscher Bildungsstätten für MultiplikatorInnen der politischen Bildung aus der Palästinensischen Autonomiebehörde, Israel und Deutschland in englischer Sprache durchgeführt habe, kritisch zu reflektieren, sondern auch das, was der frühere Botschafter der Bundesrepublik Deutschlands in Israel, Rudolf Dressler treffend formuliert: "..., dass wir im Schatten Hitlers leben. Nicht weil eine Wiederkehr des Nationalismus droht, sondern weil sich der Nationalsozialismus entwirklicht, an Realität verloren hat. Es gibt eine neue Leichtfertigkeit im Umgang mit dem Nationalsozialismus. Nicht, weil der Gegenstand seine Schrecken verloren hat, sondern weil sich der Schrecken vom Gegenstand gelöst hat. Es geht darum den Gegenstand wach zu halten" (Dreßler, 2008, 2). In meinem Gewahrsein liegt diesbezüglich das ambivalente Deutsch-Sein bei interkulturellen Lernprozessen (vgl. Appel-Opper & Chidiac, 2006; Dittlmann, 2007; Marks & Mönnich-Marks, 2008). Die mehrtägigen Veranstaltungen fanden sowohl in Deutschland als auch

---
[1] Cornelia Muth: Dialogpädagogische Reflexion über transkulturelle Erwachsenenbildung in Aktion, in: Gruppendynamik und Organisationsberatung, 4, 2008, 443-453. With kind permission of Springer Science and Business Media.

in Israel statt. Die 24 Teilnehmerinnen – ca. ein Drittel gehörte jeweils einer "Nation" an – waren bis auf wenige Ausnahmen immer die gleichen Personen. Die konzeptionellen Grundlagen für mein pädagogisches Handeln ergaben sich einerseits aus meiner reflektierten interkulturellen Hochschulbildungsarbeit, in deren Mittelpunkt die Hochschule als Lernfeld von Toleranz und Akzeptanz in der deutschen Aufnahmegesellschaft stand. Für letztere stellte ich heraus, dass sie in ihrer kulturellen und nationalen Identität verunsichert ist. " ...sie kann sich als Nation nicht identifizieren und sich damit auch nicht als eine Einheit akzeptieren. Selbstakzeptanz ist jedoch eine Bedingung für die Annahme anderer und fremder Menschen" (Muth, 1995, S. 193). Diese und weitere Thesen über Toleranz haben ich dann mit eigenen Erfahrungen aus internationalen Workshops in ein politisches Bildungsprogramm integriert, in dem Selbst- und Fremdwahrnehmung, nationale und persönliche Identitätsentwicklung, sowie Kommunikationsverhalten Bestandteile waren. Dafür bin ich 1995 mit dem höchsten Preis der deutschen Sozialwissenschaften, dem Schader-Preis ausgezeichnet worden. Dabei habe ich mich an meiner Dissertation über "Erwachsenenbildung als transkulturelle Dialogik" orientiert. Hier entwickle ich dialogpädagogische Wege und Ziele in Hinblick auf interkulturelle ErwachsenenbildnerInnen, die meines Erachtens ein Bewusstsein für "Einsamkeit, Freiheit, Hören und Hören-Wollen, die eigene Biographie, Existenzängste, das authentische Gespräch und falsche und echte Lernbedürfnisse als Kontinuität der Biographie" (Muth, 1998, S. 184f.) brauchen. Dabei bezeichne ich echte Ich-Du-Begegnungen als transkulturelle Bildungsmomente und interkulturelles Lernen als den Vorgang, bei dem ich den Anderen zum Objekt meiner Beobachtung und Planung mache (vgl. Kiesel & Volz, 2008; Peter, 2005; Schulze, 2007). Meine folgende Reflexion soll Aufschluss geben, welche Phänomene unumgänglich sind, wenn VertreterInnen aus Palästina, Israel und Deutschland in Kontakt treten. Ich erkenne sie als interkulturelle Bewusstseinsinhalte. Sie bilden den für die Praxis relevanten Rahmen meiner dialogpädagogischen Reflexion; die für die Theoriebildung relevanten Überlegungen folgen am Schluss (vgl. Muth, 2007; 2008):

1. Radikaler Respekt vor der Andersheit als pädagogische Haltung
2. Wahrheit und (pädagogische) Verantwortung

3. Ambivalenz und Verantwortung im Angesicht von Hass und Liebe
4. Die Vermengung von Schuld und Schuldgefühlen
5. Scham.

1. Radikaler Respekt vor der Andersheit als pädagogische Haltung

Meine grundsätzliche Aufgabe habe ich darin gesehen, eine authentische Atmosphäre für einen vertrauensvollen Austausch unter den Teilnehmerinnen aufzubauen. Diesbezüglich war meine pädagogische Haltung von einem radikalen Respekt vor der "Andersheit" jeder anwesenden Frau gekennzeichnet. Es war wichtig, offen zu sein und offen zu bleiben, jenseits der Meinungen, Vorurteile und Verurteilungen innerhalb der internationalen Ungleichheiten und Ungerechtigkeiten, die die einzelnen Frauen vertraten. Ich wollte mich auf keine Seite stellen und gleichzeitig war ich auf einer Seite: Ich war/bin eine deutsche Frau, die über einen jüdischen Philosophen promoviert hat, die Freundinnen in Israel aber nicht in den palästinensischen Gebieten hatte und nur in Englisch mit den israelischen und palästinensischen Frauen sprechen konnte. Mit anderen Worten: Ich war selbst eine Andersheit, die Respekt einforderte (vgl. Y-Tzu Lu, 2007). Infolgedessen ging ich von einer Pluralität von Andersheiten jenseits von Nation, Herkunft und Sprache aus, dem möglichen Ich-Du, bei gleichzeitiger Anerkennung der strukturellen Unterschiede und persönlichen Differenzen, dem Ich-Es. Dies erforderte das Einhalten von Paradoxien und das Aushalten von Dualismen und Polaritäten. Ohne die dreijährige Selbsterfahrung in einer kontinuierlichen Gruppe, die ich im Rahmen meiner gestaltpädagogischen Weiterbildung gesammelt habe, hätte ich mich auf die eine oder andere Seite geschlagen. Verführungen in Form von politisch korrekten Meinungen waren im Feld ausreichend vorhanden. Doch meine klare Haltung zum Dialog unter den vielen Perspektiven überzeugte. Erst während der dritten Begegnung 2000 war die Stimmung so aufgeheizt, dass ich zum Abschluss empfahl, entweder eine begleitende Supervision für die Workshop-Leitung zu installieren oder insgesamt diese Leitung mit Pädagoginnen aus allen drei Gruppen zu besetzen. Damit wäre auch die pädagogische Verantwortung internationalisiert bzw. die unausweichlich ethnozentrische Lehrdimension einer einzelnen Person verflüssigt worden (vgl. Göhlich, 2006; Rummler, 2006).

Von der interkulturellen Erfahrung zur transkulturellen Begegnung – und zurück

2. Wahrheit und (pädagogische) Verantwortung

Die Anerkennung der Pluralität von den vielen Andersheiten bedeutete für mich, zu akzeptieren, dass jede Frau ein einzigartiges Lebensverhältnis zu ihrer Wahrheit hatte bzw. hat. Personenbezogene Wahrheit ist laut Dialogphilosophie einerseits relativ, und andererseits gibt es eine verbindende historische Wirklichkeit, gegenüber der jede Person wiederum Verantwortung entwickeln muss: Meine westdeutsche Vergangenheit verlangt eine andere Haltung als die einer ostdeutschen Frau und doch verbindet uns heute eine gemeinsame nationale Identität. Eine junge palästinensische Israelin erlebt Jerusalem anders als eine christliche Palästinenserin, die schon Mutter mehrerer Kinder ist und doch leiden beide an der gegenwärtigen Ungerechtigkeit bezüglich der Hauptstadtfrage. Welche Wahrheiten wichtiger waren und sind, darüber zu entscheiden, konnte nicht meine pädagogische Verantwortung sein. Kein Mensch besitzt absolute Wahrheit. Vielmehr ging es in den Workshops darum, die zwischenmenschlichen Unterschiede überhaupt erst einmal zu akzeptieren, was sich als gelebtes Miteinander ausdrückte. Die vielen verschiedenen Frauen bekamen aufgrund des internationalen Austausches miteinander zu tun: Sie aßen miteinander, sie saßen im Bus miteinander, sie besuchten gemeinsam Projekte etc. Dass ich danach immer wieder unbefangen für den Dialog eintrat, dafür war ich pädagogisch verantwortlich: Indem ich immer wieder Raum für gegenseitiges Zuhören ermöglichte und die Ambivalenzen auf den Tisch kamen (vgl. Bleil, 2006).

3. Ambivalenz und Verantwortung im Angesicht von Hass und Liebe

Das Annehmen und Aushalten von divergierenden Gefühlen, kognitiven Dissonanzen und leiblichem Unwohlsein war für alle beteiligten Frauen die Herausforderung schlechthin (vgl. Goris, 2006). Infolgedessen pendelte die Gruppe während der drei Treffen zwischen Liebe und Hass in Hinblick auf das eigene nationale Sein, in Hinblick auf fundamentalistische Ansichten einzelner Frauen, in Hinblick auf Gewaltakte jeder Art, in Hinblick auf das friedvolle Leben in Deutschland und in Hinblick auf freundschaftliche Gefühle für so genannte 'Terroristen' wie 'Besetzer'. Treffender konnte es eine Teilnehmerin nicht sagen: "It is as if we have just been in bed with the enemy". Doch Versöhnung ist ohne Anerkennung der hassenden Seiten unmöglich. Hass kann auch eine konstruktive Kraft zur Annäherung sein, wenn Liebe noch nicht ausreichend vorhanden ist. Eine dialogpädagogische Begründung dafür gibt Martin Buber:

"Du redest von der Liebe, als wäre sie die einzige Beziehung zwischen Menschen; aber darfst du sie auch nur als das Beispiel gerechterweise wählen, da es doch den Haß gibt? – Solange die Liebe 'blind' ist, das heißt: solang sie nicht ein *ganzes* Wesen sieht, steht sie noch nicht wahrhaft unter dem Grundwort der Beziehung. Der Haß bleibt seiner Natur nach blind; nur einen Teil eines Wesens kann man hassen. Wer ein ganzes Wesen sieht und es ablehnen muß, ist nicht mehr im Reich des Hasses, sondern in dem der menschhaften Einschränkung des Dusagenkönnens. Daß dem Menschen widerfährt, zu seinem menschlichen Gegenüber das Grundwort, das stets eine Bejahung des angesprochenen Wesens einschließt, nicht sprechen zu können, entweder den andern oder sich selbst ablehnen zu müssen: das ist die Schranke, an der das In-Beziehung-treten seine Relation erkennt und die erst mit dieser aufgehoben wird. Doch der unmittelbare Hassende ist der Beziehung näher als der Lieb- und Hasslose" (ders., 1962a, S. 88 – Hervorh. i. O.).

So stellten sich bei Ermangelung von liebevoller Sympathie oder/und Missbilligung politischer Meinungen mal mehr und mal weniger klare wie diffuse Schuldgefühle bei allen Beteiligten ein. Die Vermengung dieser Gefühle mit existentieller Schuld ist meines Erachtens der größte Stolperstein auf dem Weg zum dialogischen Umgang mit Konflikten (vgl. Hüser-Granzow, 2007).

4. Die Vermengung von Schuld und Schuldgefühlen
Martin Buber (1962b) unterscheidet in seiner dialogischen Anthropologie zwischen Existentialschuld und Schuldgefühlen, die daraus resultieren, einem Ideal nicht gerecht geworden zu sein. Letztere stellen sich z. B. bei Kindern ein, wenn sie den elterlichen Geboten nicht gefolgt sind. Bleiben diese Gefühle im Erwachsenenalter bestehen, sprechen wir psychoanalytisch von irrationalem oder neurotischem Schulderleben. Menschen entschuldigen sich für etwas, was sie ändern könnten, aber weiterhin tun. Sie nehmen in dieser Hinsicht keine erwachsene Eigenverantwortung an. Oder Menschen werden erwachsen, streben nach eigener Autonomie und entwickeln ebenso Schuldgefühle. Das Gewissen, das sie lenkt, nennt Buber "Vulgärgewissen". Dazu zähle ich auch den so genannten Philosemitismus. Er verhindert letztendlich eine wirkliche Auseinandersetzung mit der existentiellen Schuld der Menschen, die den Holocaust verursacht und vollzogen haben. Infolgedessen können wir Menschen durch Schuldgefühle ech-

te Schuld dem ungeachtet abwehren. Schuldgefühle wiederum deuten auf ein subjektives Gefühl von Schuld. D. h. sie sind im Menschen real und existent und können existentielles Schuldbewusstsein beeinträchtigen. Diesbezüglich gibt es eine wirkliche Überschneidung von Schuld und Schuldgefühlen, wie wir von Opfern familiärer und kriegerischer Traumata mittlerweile wissen. Dazu gehören auch die Schuldgefühle der deutschen Nachkriegsgeneration, die Ausdruck sind für die reale Schuld der Vorgeneration und die Überlebensschuldgefühle der Juden der ersten und zweiten Generation. Ebenso empfinden Menschen der aktuellen israelischen Generation Schuldgefühle gegenüber dem palästinensischen Volk. Doch aus diesen neurotischen Gefühlen kann laut Hirsch (2002) keine wirkliche Verantwortung wachsen: "Sowohl Schuldgefühle des Opfers als auch ein andauernder Schuldvorwurf sind starke Bindungskräfte. Das Aufrechterhalten einer Opfer-Identität bedeutet eine permanente Schuldzuweisung an den Täter oder das Tätersystem. Diese Zuordnung der Schuld ist ... zwar mehr als berechtigt, dient später aber kurz oder lang der Abwehr der Loslösung und der Gestaltung eines selbstverantworteten Lebens. Und somit entsteht aus der permanenten Schuldzuweisung eine *Schuld* durch die Vernachlässigung der eigenen Identitätsentwicklung" (ebd., S. 64 – Hervorh. im O.). Damit sind wir wieder bei der von Buber gemeinten Existentialschuld, für die der Mensch ein "Personengewissen" entwickeln kann, denn der Mensch weiß, wo er geschichtlich und biographisch schuldig geworden ist: "Jeder Mensch steht in einem objektiven Verhältnis zu anderen, die Gesamtheit dieser Verhältnisse konstituiert sein Leben als ein am Sein der Welt faktisch teilnehmendes, ja sie ist es, die ihm überhaupt erst ermöglicht, seine Umwelt zur Welt zu erweitern; sie ist sein Anteil an der menschlichen Seinsordnung, der Anteil, für den er die Verantwortung trägt" (ders., 1962b, S. 486). Diesbezüglich kann dialogische Bildung überaus den Menschen unterstützen, sein personales Gewissen zu erhellen, aber PädagogInnen können weder über Schuld urteilen noch über echte und falsche Schuldgefühle bezüglich des Nahost-Konfliktes entscheiden.

Doch diese Fragen und Erwartungen standen permanent unter den Frauen im Raum. Die Frauen wollten wechselseitig Schuldanerkennung und Schuldbewusstsein bezeugt bekommen. Reue für nicht begangene Taten sollte gezeigt werden. Eine weitere Verwechslung musste aufgelöst werden, die zwischen "existentieller unvermeidbarer Schuld" und "vermeidbarem individuellen, situativen Schuldigwerden" (vgl. Hirsch, ebd., S. 41). Auf letztere immer wieder hinzuweisen, war meine Aufgabe. Mit Achtung für die Würde jeder einzelnen Frau, konfrontierte ich die Notwendigkeit in individuelle Schuldeinsichten jenseits nationaler und/oder anderer kollektiven Identitätszugehörigkeiten. Punktuell gelang die Erhellung, die Buber so beschreibt:

"Von keinem Punkte aus ist die Zeit so als Sturz zu verspüren wie von der Selbstschau des Schuldigen aus. In diesem Sturz mitstürzend, wird der Träger der Schuld von dem Schauder des Identischseins mit sich selbst heimgesucht. Ich, bekommt er zu wissen, der ich ein anderer geworden bin, bin derselbe" (ebd., S. 479).

Wiedergutmachen ist auf der situativen Ebene durch eine "aktive Hingabe zur Welt", in Form von politischem Engagement z. B. möglich, und zwar da, wo ich als Frau historisch und persönlich stehe. Existentielle Schuld ist dabei unvermeidbar und irreversibel. Die Tat ist geschehen und nur in speziellen Fällen wieder gut zu machen. Der Mensch kann jedoch die Folgen seine Schuldhandlung überwinden;

"... als Sühne kann solches Tun aber hier nur dann gelten, wenn es nicht aus gefaßtem Vorsatz, sondern im willkürlosen Wirken meiner errungenen Existenz getan wird. Und dies kann naturgemäß nur aus dem Kern eines gewandelten Verhältnis zur Welt, eines neuen Dienstes an die Welt mit den erneuten Kräften des erneuten Menschen geschehen" (Buber, 1962b, S. 502).

Solche Wandlungen brauchen Zeit. In den Seminaren konnte nur dazu motiviert werden.

5. Scham

Doch Schuld hängt mit Scham zusammen. Laut Fuhr und Gremmler-Fuhr (1995) und Yontef ist Scham in all unseren – auch interkulturellen – Alltagserfahrungen mehr oder weniger vorhanden, jedoch "am wenigsten verstanden ... Schamreaktionen sind negative emotionale und bewertende Reaktionen, die sich auf die eigene Person beziehen – darauf, was man ist, wie man ist und was man tut. Meist werden diese Gefühle unklar, verschwommen, rätselhaft und verwirrend erlebt. Oft wird die Scham von der Awareness unwillkürlich abgeschirmt; dieses Manöver dient dazu, die Enthüllung des Schamgefühls vor sich selbst und anderen abzuwehren" (Yontef, 1999, 353f.). So löste die folgende Aussage einer israelisch-jüdischen Teilnehmerin Schuld und Scham aus: "But I don't belong to Netanyahu, to the soldiers, to the system. It hurts me to hear that I am an occupier. I am with you. I don't see you as terrorists" (Arbeitskreis deutscher Bildungsstätten, The Jerusalem Center for Women und Bat Shalom, 2000, S. 59). Diese Teilnehmerin spiegelte das Gewahrwerden von falschen und echten Bedürfnissen bzw. von dysfunktionalen Introjekten und Selbstregulation in den Dialogen wider, was gleichzeitig eine "Demaskierung der Scham" (Wurmser, 1997) bedingte. Denn wenn zwischenmenschliche Grenzen überschritten und damit Regelbrüche begangen werden, kann Scham empfunden werden. Sie drückt jedoch existentielle Schwäche und Ohnmacht des Individuums aus. In dieser Verbindung konnte dann die Gegenabwehr in den Workshops im Präsentieren von Stärke und Macht in Form von sich wiederholenden Schuldvorwürfen verstanden werden: "I cannot dance with an Israeli woman; she is my occupier!" (AdB, 2000, S. 59). Ungeklärte Schuld und Scham halten den Nahostkonflikt lebendig und erschweren gleichzeitig das Lösen vom selbigen, wie die Aussage einer Palästinenserin zeigt:

> "You cannot compare the system of occupation with terrorism, which is no system. Whether you want to hear it or not – there is an asymmetry between us. We have to train ourselves to discuss hard and painful stories. As a Palestinian I get 32 liters of water a day whereas you as Israeli get 200 liters" (ebd. – Fehler im englischen Original).

Die Wiedergabe der Originalaussagen aus den Workshop-Protokollen zeigen, wie Fuhr (ebd., 238f.) feststellt, dass Schuld und Scham als Formen der Herrschaftsausübung benutzt werden und wurden. Meine Aufgabe verstand ich hingegen darin, "aus den Dynamiken des Beschuldigens und Beschämens auszubrechen und auf eine andere, selbstreflexive Ebene zu gelangen" (ebd., 239). Dass dies angesichts des anhaltenden arabisch-israelischen Konflikts sehr schwer ist, berichtet auch Volkan (1999), der diesbezüglich das Phänomen der "Verschiebung auf einen Minikonflikt" schon oft beobachtet und erlebt hat. Seiner Ansicht nach muss ein interkultureller Vermittler diese Abwehrleistungen verstehen und "ernsthaft, mit Selbstvertrauen und selbstsicheren Auftreten und mit Respekt gegenüber den Großgruppenempfindungen der Teilnehmer darauf eingehen (ebd., S. 231). In dieser Hinsicht setzt Wurmser auf "gegenwärtige Achtung als Gegenmacht gegenüber Scham". Doch kann hierbei der entgegen gesetzte Pol von Scham, nämlich der Stolz zu Hochmut bzw. zu "narzisstischer Grandiosität" verleiten. Dieser ist überwiegend auf deutscher Seite in Hinblick auf den Nahostkonflikt zu erkennen (vgl. Dreßler, 2008; Levine-Bar-Yoseph & Blanton, 2005). Infolgedessen fragt Brumlik (2008) angesichts des 60. Geburtstages der Nation Israel mit Recht, welche Verantwortung Deutschland wirklich in der Konfliktlösung trägt. Doch zurück zum Stolperstein Scham im genannten Bildungsprozess (vgl. Lippitz, 2003; Siedler, 2003)

Richtung gebend für den echten Dialog war ein Schaubild, das ich in Anlehnung an Bubers Aussage über die sechs Spukgestalten, die das wahrhaftige Gespräch verhindern, vorgestellt habe: "Stellen wir uns nun zwei Bildmenschen vor, die beieinander sitzen und miteinander reden – nennen wir sie Peter und Paul – und zählen wir die Figurationen nach, die dabei im Spiel sind. Da sind erst mal der Peter, wie er dem Paul erscheinen will, und der Paul, wie er dem Peter erscheinen will; sodann Peter, wie er dem Paul wirklich erscheint, Pauls Bild von Peter also, das gemeiniglich keineswegs mit dem von Peter gewünschten übereinstimmen wird, und vice versa; dazu noch Peter, wie er sich selbst, und Paul, wie er sich selbst erscheint; zu guter Letzt der leibliche Peter und der leiblich Paul. Zwei lebende Wesen und sechs gespenstische Scheingestalten, die sich in das Gespräch der beiden mannigfaltig mischen! Wo bliebe da noch Raum für die Echtheit des Zwischenmenschlichen!" (Buber nach Muth, 2001, S. 64) Dass Vertrauen die wichtigste Brücke zwischen den anwesenden Teilnehmerinnen sein sollte, wurde von fast allen eingesehen. Bei der Umsetzung konnten die Spukgestalten nicht ignorieren werden und damit einher auch nicht die auftauchenden Schamgefühle bezüglich von Selbstbildern bzw. von "Idealselbsten". So kamen während der Seminarzeiten immer wieder Loyalitätskonflikte in den Vordergrund und infolgedessen "widersprüchliche Ansichten über das Ehrbare und Schändliche" (Wurmser ebd., S. 48). Beispiel dafür war die konkrete Frage einer Teilnehmerin, inwiefern sie sich als Israelin für die Besatzungspolitik in Ostjerusalem schämen oder sich zur patriarchalen Militärorganisation ihres Landes moralisch distanzieren müsste. Dazu gehörte auch das Loyalitätsempfinden zwischen "Verehrung und Ehrfurcht" gegenüber dem Leitungsideal des trinationalen Bildungsprojektes: Müssen diejenigen, die dem Ideal des trikulturellen Dialogs abschwören, missachtet werden? Gehört nicht Scham zur transkulturellen Dialogpraxis dazu? Wird er nicht auch gefühlsmäßig in Bildungsprozessen akzeptiert? Wir alle mussten einsehen, dass Kampf und Leid in Hinblick auf das Versagen, Gerechtigkeit umzusetzen, permanent Scham mitschwingt:

"Das Ergebnis, das Lernen, besteht in der Einsicht, daß es keine umgreifende Gerechtigkeit, nur die Weisheit des Maßhaltens und der Begrenzung gibt, und noch tiefer, daß es im Wesen des Menschen liegt, von Konflikt zu Konflikt zu schreiten und – auch wenn man das Beste wollte – dem Übel, dem Unrecht und damit der Verschuldung und der Beschämung nie entgehen zu können" (Wurmser, ebd., S. 117).

Auch Fuhr und Gremmler-Fuhr (ebd., S. 240) weisen darauf hin, dass Schuld und Scham in Lernprozessen nicht beseitigt werden können und zielen damit auf gesteigertes Bewusstsein und übernommene Verantwortung, insbesondere in "transformativen Lernprozessen" wie transkultureller Dialogik hin.

Dialogische Pädagogik als angewandte Wissenschaft

Schaue ich abschließend auf die vielen Momente der "Vergegnungen" und auf die wenigen transkulturellen Dialoge, bin ich froh. Nur "realtypische" Dialogpädagogik wirkt. Dass die Teilnehmerinnen und ich den Idealen des Dialoges nicht durchgehend entsprochen haben, zeigt unsere menschliche Seite. Eine "idealtypische" Pädagogik hätte nur weitere Schuldgefühle erzeugt und Hass als Zeichen zwischenmenschlicher Probleme unsichtbar gelassen (vgl. Schneider 2006, S. 905f). Die vorangegangene Reflexion über transkulturelle Dialogik in Aktion entspricht *meinem* Realverhältnis zum geschehenen Bildungsprozess. Die Vielfalt der vielen anderen Stimmen vervollständigen eine pluralistische Perspektive (vgl. AdB 2000). Diese anzuerkennen, einzunehmen und reflektieren zu können, kennzeichnet eine von vier erkenntnistheoretischen Annahmen geleitete dialogische Pädagogik, die sich didaktisch bzw. methodologisch als "Identitätsbildung durch die Andersheit" versteht: Sie fragt sich, wie "... identitätsbildende Wirklichkeit mit der Andersheit, d. h. der Dialog zwischen Ich und Du in Bildungsprozessen wahrgenommen, vermittelt und wissenschaftlich begründet werden kann" (Muth 2009). Infolgedessen ist dialogische Pädagogik eine angewandte Wissenschaft in Hinblick auf transkulturelle Handlungspraxis. Ausgehend von erziehungswissenschaftlichen Fragestellungen versteht sie sich als interdisziplinäre, da sie Erkenntnisse aus Psychoanalyse, Philosophie und Psychologie integriert. Gegenstand ihrer wissenschaftlichen Untersuchungen sind das phänomenale Geschehen und dessen Performanz. Es wird u. a. gefragt, welches ethische Handeln die beteiligten Personen hervorbringen und welche Rolle gesellschaftliche Institutionen dabei spielen (vgl. Wulf, 2007; Wulf und Zirfas, 2006, S. 291f.). Diesbezüglich hat das Erkennen, wie Wirklichkeit hergestellt wird, existentielles Gewicht, denn das Herstellen dient der Einbettung von spezifischen Selbst- und Welterfahrungen, die wiederum dem einzelnen Menschen Identität schaffen und schenken. Schaue ich aus der soeben dargelegten Perspektive dialogischer Pädagogik auf die Bildungsprozesse der einzelnen Teilnehmerinnen, zeigen sich die unterschiedlichen, insbesondere körperlichen Ausdrucksformen in Hinblick auf Scham. Je mehr Vertrauen und die Wahrnehmung des eigenen realen Selbst beim Sprachhandeln möglich wurden, entfaltete sich ein dialogischer Zwischen-Raum, in dem die Anderen respektiert werden konnten (vgl. Wheeler, 2006. S. 199ff.). Hier ein zusammenfassendes Statement der Projektleiterin: "We experienced that we we were most near to each other, face-to-face with our truths, guided by the confidence that it was not wrong to speak out our truth. Under the protection of personal trust, incompatible political conflicts do not lose their acrimony, but had no devastating effect. All the women felt their personal responsibility. We noticed that we managed to step forward best in situations of tension, conflict and contradiction. At thoses times we had the chance to redefine reality in our societies" (Chiout 2000, S. 61f.). Wurde jedoch eine Selbstenthüllung als machtvoller Angriff erlebt, wie z. B. die folgende Bekundung einer Teilnehmerin "With so much trust within a few days something was liable to happen. There was a cognitive dissonance between us. You should have asked yourself 'What are we doing here? Accommodating the enemy?' It is not enough to make friendships in a situation where the other side is still waiting for freedom", erlitten besonders die von Scham gehemmten Frauen Frustration, Hoffnungs- und Machtlosigkeit in Hinblick auf politische Veränderungen. Gefangen in ihren Loyalitäten zwischen Selbst-Sein und nationalem Über-Ich fühlten diese Frauen ihre hilflose Abhängigkeit vom staatlichen bzw. nichtstaatlichen System. Der sich von der machtvollen nationalen Bindung befreiende Individuationsprozess der einzelnen Frauen wiederum zeigte sich jeweils beim englischen Sprachhandeln in den Feinheiten der Ausdrucksmöglichkeiten. In Anlehnung an Wurmsers Aussagen über Loyalitätskonflikte wage ich zu behaupten: Je weniger die Frauen sich mitteilten, desto mehr verfestigten sich die Tiefe der Scham und die Regression in die jeweilige Muttersprache. Infolgedessen ging und geht es mir als Dialogpädagogin immer wieder darum, intersubjektive Räume zu öffnen, in denen TeilnehmerInnen ihre Scham spüren und entdecken, dass sie nicht allein oder als Gruppe schwach und politisch wertlos sind, sondern über eigene Berichte und Geschichten wagen, die wirklich Anderen zu begegnen. So können sie erfahren, dass Versagen nicht in der Verantwortung der einzelnen Person liegt. Vielmehr gewährt, aus phänomenologischer Sicht gesprochen, ein unterstützendes Feld wie der Dialog Respekt vor der Identität und vertrauensvolle Prozesse der Selbstwerdung durch die Andersheit. Doch diese Form erfolgreicher Zwischenmenschlichkeit ist pädagogisch nicht machbar. Eher geht es darum, ein Feld zu kreieren, in dem Menschen gesehen und verstanden werden. Angesichts der historischen und gegenwärtigen Situation im Nahen Osten unterliegt dialogische Pädagogik hermeneutischer wie phänomenologischer Überprüfungen, die das Verstehen der Andersheit zum lebenslangen Prozess macht, dessen Aufgabe einer der Gründe gewesen sein kann, warum die Verhandlungen im Juli 2000 unter Barak und Arafat scheiterten: "Both sides shifted responsibility to the other party. ... The negotiations at Camp David and later in Taba suffered from a growing, reciprocal mistrust, and therefore the old stereotypes of the other side again won the upper hand. Both Barak and Arafat might have had more profound fears about the resistance coming from forces opposed to them on their own sides than about the failure of the negotiations as such. Both were able to empathize their own history, but not enough with that of the foreign other" (Schwager, 2005, S. 301f.). Auch die Teilnehmerinnen sind von diesem Fehlschlag nicht verschont worden. Die Gruppe/n haben sich als solche nicht wieder getroffen. Vielleicht hat Zuckermann diesbezüglich Recht, wenn er sagt, dass der historische Zeitpunkt für "gegenseitige Aufrichtigkeit" noch nicht gekommen ist (vgl. Bax 2008). Dialogische PädagogInnen entwickeln dagegen mit Buber bzw. Hillel gesprochen Zuversicht: "wenn nicht jetzt, wann dann?" (Wheeler, 2006, S. 399).

Literatur

Appel-Opper, J. & Chidiac, M.-A. (2006). Book Review on "The Bridge: Dialogue Across Cultures" edited by Talia Levine Bar-Yoseph and Mackie Blanton. In: *British Gestalt Journal*, 1, 15-17.

Arbeitskreis deutscher Bildungsstätten (AdB) & The Jerusalem Center for Women & Bat Shalom (2000). *Between the Lines: German, Israeli and Palestinian Women in Dialogue*. Jerusalem: AL-Resaleh AL-Makdisia.

Bax, D. (2008). "Für mehr Ehrlichkeit ist es noch zu früh" – ein Interview mit Moshe Zuckermann. *Tageszeitung*, 9.5.2008, 12.

Bleil, N. (2006). *Interkulturelle Kompetenz in der Erwachsenenbildung: ein didaktisches Modell für die Trainingspraxis*. Frankfurt/M.: Lang.

Brumlik, M. (2008). Die Geburt des Staates Israel. *Tageszeitung*, 8.5.2008, 4.

Buber, M. (1962a). Ich und Du. In ders., *Werke I/Schriften zur Philosophie* (S. 77-170). Heidelberg: Lambert Schneider.

Buber, M. (1962b). Schuld und Schuldgefühle. In ders., *Werke I/Schriften zur Philosophie* (S. 475-502). Heidelberg: Lambert Schneider.

Chiout, H. (2000). The Two Faces of Conflict. In: Arbeitskreis deutscher Bildungsstätten et al. (58-62).

Dittlmann, A. (2007). *Interkulturelle Kompetenzentwicklung durch kulturelle Bildung: Deutschlands Akteure im Spannungsfeld*. Saarbrücken: Verlag Dr. Müller.

Dreßler, R. (2008). *Hat Israel eine Zukunft?* Vortragsmanuskript der gleichnamigen Rede bei der Festveranstaltung "60. Jahrestag der Gründung des Staates Israel" der Stadt Bielefeld am 19.5.2008, 22 Seiten.

Fuhr, R. & Gremmler-Fuhr, M. (1995). *Gestalt-Ansatz: Grundkonzepte und -modelle aus neuer Perspektive*. Köln: Edition Humanistische Psychologie (2. korrigierte Aufl. 2002).

Goris, H. (Hrsg.). (2006). *Leiblichkeit und Menschenwürde*. Münster: Lit.

Göhlich, H. D. M. (Hrsg.). (2006). *Transkulturalität und Pädagogik: interdisziplinäre Annäherungen an ein kulturwissenschaftliches Konzept und seine pädagogische Relevanz*. Weinheim: Juventa-Verlag.

Hirsch, M. (2002). *Schuld und Schuldgefühl*. Göttingen: Vandenhoeck & Ruprecht.

Hüser-Granzow, S. M. (2007). *Kunst statt Strafe. Eine dialogische Betrachtung der ästhetischen Arbeit in der Sozialen Arbeit am Beispiel einer Bildhauerwerkstatt für straffällig gewordene Jugendliche.* Stuttgart: ibidem-Verlag.

Kiesel, D. & Volz, F. R. (2008). "Anerkennung und Intervention" – Moral und Ethik als komplementäre Dimension interkultureller Kompetenz. In G. Auernheimer (Hrsg.), *Interkulturelle Kompetenz und pädagogische Professionalität* (67-80) (2. aktualisierte und erweiterte Aufl.). Wiesbaden: VS Verlag für Sozialwissenschaften.

Levine Bar-Yoseph, T. & Blanton, M. (Ed.). (2005). *The Bridge: Dialogues Across Cultures*. New Orleans: Gestalt Institute of New Orleans.

Lippitz, W. (2003). *Differenz und Fremdheit. Phänomenologische Studien in der Erziehungswissenschaft*. Frankfurt/M.: Lang.

Marks, St. & Mönnich-Marks, H. (2008). Nationalsozialismus und Schamabwehr. *Psyche – Zeitschrift für Psychoanalyse und ihre Anwendungen*, Sonderheft September/Oktober, 1015-1038.

Muth, C. (2009): Dialogische Pädagogik: Identitätsbildung durch die Andersheit. In Marzinzik, K. & Nauerth, A. (Hrsg.), *Kompetenzentwicklung im Gesundheits- und Sozialbereich*. Wiesbaden: Verlag für Sozialwissenschaften (in Erarbeitung).

Muth, C. (2008). Buddhismus: Werte anderer Kulturen. In: Dies. & A. Nauerth, *Dialog und Diagnostik* (78-80). Wien: Fakultas.

Muth, C. (2007). Dialogische Pädagogik oder Gestaltansatz im pädagogischen Feld. *Gestaltkritik*, 1, 5-7.

Muth, C. (2001). *Zwischen Gut und Böse: Mit Martin Bubers sechs Schritten nach der chassidischen Lehre das eigene Leben gestalten*. Gütersloh: Gütersloher Verlagshaus.

Muth, C. (1998). *Erwachsenenbildung als transkulturelle Dialogik*. Schwalbach/Taunus: Wochenschau Verlag (laut Buchhandel vergriffen, beim Verlag weiterhin erhältlich!).

Muth, C. (1995). Interkulturelle Hochschulbildung – Toleranz lernen. In Schader-Stiftung (Hrsg.), *Themengebiet 1995: Migration* (S. 181-219). Darmstadt: Helene Druck.

Rummler, M. (2006). *Interkulturelle Weiterbildung für MultiplikatorInnen in Europa*. Frankfurt/M.: Lang.

Peter, S. (2005). *Schritte auf dem Wege zum Miteinander in der multikulturellen Gesellschaft*. Stuttgart: ibidem-Verlag.

Schneider, G. (2006). Ein 'unmöglicher Beruf' (Freud) – zur aporetischen Grundlegung der psychoanalytischen Behandlungstechnik und ihrer Entwicklung. *Psyche – Zeitschrift für Psychoanalyse und ihre Anwendungen*, 60, 900-931.

Schulze, F. (2004). *Zur Bedeutung Martin Bubers für die politische Erwachsenenbildung*. München: GRIN Verlag.

Siedler, D. Ch. (Hrsg.). (2003). *Religionen in der Pluralität: ihre Rolle in postmodernen transkulturellen Gesellschaften: Wolfgangs Welschs Ansatz in christlicher und islamischer Perspektive*. Berlin: Alektor-Verlag.

Schwager, R. (2005). The Innsbruck Research Project and the Israeli-Palestinian Conflict. In: W. Palaver & P. Steinmair-Pösel (Eds.), *Passions in Economy, Politics, and the Media* (295-305). Wien: LIT Verlag.

Volkan, V. D. (1999). *Das Versagen der Diplomatie: zur Psychoanalyse nationaler, ethnischer und religiöser Konflikte*. Gießen: Psychosozial-Verlag.

Wulf, Ch. (2007). Rituelle Lernkulturen. Macht und Differenz in Familie, Jugend und Medien. In: M. Brumlik & H. Merkens (Hrsg.), *bildung – macht – gesellschaft* (183-191). Opladen: Verlag Barbara Budrich.

Wulf, Ch. & Zirfas, J. (2006). Bildung als performativer Prozess – ein neuer Fokus erziehungswissenschaftlicher Forschung. In: R. Fatke & H. Merkens (Hrsg.), *Bildung über Lebenszeit* (291-301). Wiesbaden: VS Verlag für Sozialwissenschaften.

Wurmser, L. (1997). *Die Maske der Scham. Die Psychoanalyse von Schamaffekten und Schamkonflikten* (3. erweiterte Aufl.). Berlin: Springer Verlag.

Yontef, G. M. (1999). *Awareness, Dialog, Prozess: Wege zu einer relationalen Gestalttherapie*. Köln: Edition Humanistische Psychologie.

Y-Tzu Lu (2007). *Erkennen des Anderen als Aufgabe der Erwachsenenbildung*. Hamburg: Verlag Dr. Kovac.

Lexikale Beiträge[1]

Anti-Rassismus

Anti-Rassismus ist die Gegenposition zum Rassismus. Beispielsweise folgen anti-rassistische Erziehung und Bildung einem Programm, das sich bewusst an der "Erklärung der Rasse und Rassenvorurteile" der UNESCO orientiert. Danach sind sämtliche Rassentheorien unhaltbar, die die Ungleichheit der Menschen postulieren. Der Artikel 2 der UNESCO-Erklärung vom 27. November 1979 lautet folgendermaßen:

> "Jede Theorie, welche die Behauptung enthält, daß bestimmte Rassen oder Volksgruppen von Natur aus anderen überlegen oder unterlegen sind, und somit impliziert, daß einige das Recht hätten, andere als unterlegen angesehene zu beherrschen oder zu beseitigen, oder welche Werturteile auf Rassenunterschiede gründet, entbehrt jeder wissenschaftlichen Grundlage und widerspricht den moralischen und ethischen Grundsätzen der Menschheit." (nach Köpf 1996: 71)

Demzufolge wollen Pädagoginnen und Pädagogen der anti-rassistischen Erziehung und Bildung rechtsextreme Fremdenfeindlichkeit analysieren und abbauen. Konkret zeigt sich der *alltägliche Rassismus* in Vorurteilen gegenüber kulturellen Minderheiten, in Unterdrückung und Diskriminierungen von diesen Gruppen.

Rassismus gibt es jedoch nicht nur individuell, sondern auch in den gesellschaftlichen Strukturen. Deswegen versucht eine anti-rassistische Bildungspraxis, ein Bewusstsein über die Strukturen der Mehrheitskultur als Dominanzkultur zu erreichen. Allein die Existenz einer solchen beweist die Tatsache, dass die jeweiligen verschiedenen kulturellen Lebensformen nicht gleichberechtigt nebeneinander bzw. miteinander leben (vgl. Essinger/Pommerin 1993). Somit strebt eine anti-rassistische Bildungsarbeit an, die *Unterdrückungsstrukturen* und -mechanismen eines jeden Menschen aufzuzeigen. Ziel ist, die eigene Involviertheit mit der herrschaftlich strukturierten Gesellschaft zu akzeptieren und

---

[1] Quelle: Cornelia Muth: Interkulturelles Lernen, Band 1, S. 117-119, in: Weißeno, Georg (Hg.): Lexikon der politischen Bildung, Schwalbach/Ts., © Wochenschau Verlag. Wiederabdruck mit freundlicher Genehmigung.

neue Handlungsfähigkeiten und Widerstand gegen rassistisches Verhalten zu entwickeln (vgl. Kalpaka 1994). Anti-Rassismus ist verbunden mit der Aufklärung über Antisemitismus (vgl. Häßler 1997) und Sexismus, weil sich in diesen Ideologien die gleichen Prinzipien wie im Rassismus wiederfinden lassen. Diese bestehen darin, Ungleichheiten zu rechtfertigen. Insbesondere werden durch den aktuellen Neorassismus "natürliche Differenzen" ideologisch untermauert (Castles 1992: 140). Damit unterstützen Neorassistinnen und Neorassisten die Argumentation einer Ausgrenzungspolitik, die Anti-Rassismus verhindern will.

Literatur

Castles, S. (1992): Weltweite Arbeitsmigration, Neorassismus und der Niedergang des Nationalstaates, in: Bielefeld, U. (Hrsg.): Das Eigene und das Fremde: neuer Rassismus in der Alten Welt?, Hamburg, S. 129-156.

Essinger, H./Pommerin, G. (1993): Interkulturelles Lernen – Auf dem Weg zur antirassistischen Erziehung, in: Essinger, H./Ucar, A. (Hrsg.): Erziehung: Interkulturell "politisch" antirassistisch: von der interkulturellen zur antirassistischen Erziehung. Ein Reader, Felsberg, S. 78-83.

Fuchs, B./Habinger, G. (1995): Die "Natur" der Differenzen. Zum Zusammenwirken von "Rasse" und "Geschlecht" im westlichen Diskurs und im modernen Weltsystem, in: Fischer, G./Wölflingseder, M. (Hrsg.): Biologismus, Rassismus, Nationalismus: rechte Ideologien im Vormarsch, Wien, S. 108-120.

Häßler, H.-J. (1997): Deutsches Holocaust-Museum. Zentrum für Dokumentation und Information über Verbrechen gegen die Menschlichkeit, in: Die Brücke – Forum für antirassistische Politik und Kultur 95, S. 37-39.

Kalpaka, A. (1994): Theaterworkshops zum Thema "Macht – Ohnmacht – Alltagsrassismus" als selbstreflexive Lernform, in: Jäger, S. (Hrsg.): Aus der Werkstatt: Antirassistische Praxen. Konzepte – Erfahrungen – Forschung, Duisburg, S. 104-133.

Köpf, P. (1996): Ausländerfeindlichkeit, München.

Gestaltpädagogik

Gestaltpädagogik ist, wie vermutet werden könnte, kein eigenständiger pädagogischer Ansatz, sondern Ausdruck einer Existenzphilosophie im pädagogischen Feld. Mit anderen Worten: Gestaltpädagogik, die sich in Deutschland in den 70er Jahren aus der Gestalttherapie entwickelt hat, bezeichnet keine Pädagogik, sondern eine *Lebenshaltung* und somit eine menschliche Gestalt, die – wie das Leben – permanent in Bewegung (im Fluss) ist (vgl. Sieper/Petzold 1993). Infolgedessen sind Pädagoginnen und Pädagogen, die sich mit dem Gestaltansatz identifizieren, Menschen, die authentischen Kontakt zu ihren Sinnen und zu ihrer Umwelt haben (wollen). Kontakt bedeutet diesbezüglich "in Berührung sein" (Perls/Hefferline/Goodman 1992: 9). Sind Menschen in Kontakt mit sich selbst, können sie ihre schöpferische Kraft und ihre zwischenmenschliche Lebendigkeit spüren. Dementsprechend unterstützen gestaltorientierte Pädagoginnen und Pädagogen dialogische Lernprozesse, in denen die jeweiligen Adressatinnen und Adressaten mehr von sich selbst erfahren und ihre eigene Lebensentwicklung bestimmen können (vgl. Kühn 1991). Jedoch fordert diese Integrationsarbeit mit allen Sinnen verschiedene Wahrnehmungswiderstände heraus (vgl. Wheeler 1993: 123ff.). Sie begleiten ganzheitliche Erfahrungen und das Bewusstsein darüber im Sinne einer "vollständigen Gestalt" (Perls/Hefferline/Goodman ebd.). Der Begriff "Gestalt" zeigt den konzeptionellen Hintergrund von Gestalttherapie. Perls, der letztere in den 50er Jahren in den USA begründete, lehnte sich u.a. mit dem "Figur/Hintergrund-Prinzip" an die deutschen Gestaltpsychologen wie Köhler, Koffka und Wertheimer an (vgl. Wheeler 1993).

Während die mit den Widerständen verbundenen Kontaktunterbrechungen im Mittelpunkt von Gestalttherapien stehen, spiegeln sie den Pädagoginnen und Pädagogen die Wirkungsgrenzen ihrer Beziehungsarbeit wider. Infolgedessen setzen sich diese nicht mit "vergangenen Gestalten" auseinander, sondern zeigen in der Gegenwart, welche Entfremdungen das Selbst des Menschen in seiner Umwelt erfährt (vgl. Becker 1997). Pädagogisches *Ziel* ist dabei die Wahrnehmung der Verantwortung für das eigene Handeln jenseits der gesellschaftlichen Regeln, die dem Individuum eher schaden, als dass sie menschliches Wachstum fördern. Wachstum bedeutet für gestaltorientierte Pädagoginnen und Pädagogen, dass Lernen als Gewahrseins- und Kontaktprozess geschieht. Dabei wird "der Mensch in seiner Ganzheit (Verstand – Gefühl – Körper)" (Scala 1992: 285f.), in seiner "Bezogenheit (Ich-andere-Umwelt)" (ebd.) und in seiner "Geschichtlichkeit (Vergangenheit – Gegenwart – Zukunft)" (ebd.) einbezogen. Gesellschaftspolitisch steht der Gestalt-Ansatz veränderungsorientierten Konzepten nahe. Es sollen destruktive Seiten von Gesellschaft aufgedeckt und konstruktiv-humane Gruppenformen gefunden werden.

Literatur

Becker, U. (1997): The Importance of (Recognizing and) Being Recognized. Über Anerkennung/"Recognition" im gestaltpädagogischen Englischunterricht oder Wie ich als Lehrerin ein mir bedeutsames Thema gestalte, in: Gestaltpädagogik, S. 25-36.

Kühn, B. (1991): Zeit-Geschichte – Lebensgeschichte – Weiber-Geschichte(n): Oral History praktisch, in: Burow, O.-A./Kaufmann, H. (Hrsg.): Gestaltpädagogik in Praxis und Diskussion, Berlin, S. 75-80.

Perls, F. S./Hefferline, R. F/Goodman, P. (1992): Gestalttherapie. Grundlagen, Stuttgart.

Scala, E. (1992): Gestaltpädagogik. Warum gibt es eine Gestaltpädagogik?, in: Krisch, R./Ulbing, M. (Hrsg.): Zum Leben finden: Beiträge zur angewandten Gestalttherapie, Köln, S. 281-303.

Sieper, J./Petzold, H. (1993): Integrative Agogik – ein kreativer Weg des Lehrens und Lernens. in: dies. (Hrsg.): Integration und Kreation. Modelle und Konzepte der Integrativen Therapie. Agogik und Arbeit mit kreativen Medien, Paderborn, S. 359-370.

Wheeler, G. (1993): Kontakt und Widerstand: ein neuer Zugang zur Gestalttherapie, Köln.

Interkulturelles Lernen
Interkulturelles Lernen bezeichnet den Erkenntnisprozess, den interkulturelle Erziehung und Bildung erreichen wollen. Ideengeschichtlich hat sich diese Lernform in Deutschland aus der Ausländerpädagogik in den 80er Jahren entwickelt. Es zeigte sich, dass der Begriff Ausländerpädagogik gesellschaftspolitische Migrantenprobleme vernachlässigte und Ausländerinnen und Ausländer auf Individuen mit Defiziten reduzierte (vgl. Niekrawitz 1990: 23ff.). Interkulturelles Lernen ist deswegen auf die gesamte Bevölkerung, d. h. auch auf die Mehrheitskultur und die ganze Welt gerichtet. Nicht umsonst bezeichnet Niekrawitz interkulturelle Pädagogik auch als eine "Pädagogik für Alle".
Interkulturelles Lernen bildet den Kern interkultureller Bildungstheorie. In der Analyse interkultureller Bildungsansätze sind zwei konzeptionelle Hauptrichtungen festzustellen. Es handelt sich dabei um die Positionen des Kulturrelativismus und des Universalismus. Die erste Position geht von einer Existenz mehrerer unterschiedlicher und gleichwertiger Kulturen aus und versucht, durch Detailanalysen interkulturelle Bildung zu verstehen. Die zweite Position dagegen will diese durch eine allgemeine Theorie erklären, welche davon ausgeht, dass diverse Einzelkulturen einen notwendigen Prozess zur universalen, kosmopolitischen Weltgesellschaft durchlaufen (vgl. Auernheimer 1990, Niekrawitz 1991). In der feministischen Forschung wird mittlerweile auf die Gegensätzlichkeit dieser Positionen verzichtet. Prengel spricht dabei vom "Miteinander der Verschiedenen" und betrachtet interkulturelles Lernen als ein Akzeptieren von "interkultureller Pluralität" (1993: 87ff.). Diesbezüglich benutzt sie einen demokratischen Differenzbegriff, der sich gegen die Hierarchisierung von Kulturen wendet.
Eine differenzierte und systematische Darstellung von Positionen und *Inhalten* bezüglich interkultureller Bildung und deren Didaktik ist schwierig, da theoretische Bezugnahmen und Begründungen vielfältig und eklektizistisch sind (Reich 1994). Auernheimer systematisiert interkulturelles Lernen nach unterschiedlichen Schwerpunkten in der pädagogischen Zielsetzung. Hier zeigen sich u. a. soziales Lernen, politische Bildung und multiperspektivische Allgemeinbildung als solche Schwerpunkte. Weiterhin teilt er die interkulturelle Bildungstheorie in drei *Ansätze* ein. Daraus ergibt sich, dass interkulturelles Lernen sich von anti-

rassistischem und bikulturellem Lernen unterscheidet. Diese Art der Differenzierung stimmt mit der von Essinger und Kula (1987) vorgeschlagenen Systematik überein. Sie unterteilen die pädagogische Praxis in ihrer Theorie in vier Ansätze: in den ausländerpädagogischen, bikulturellen, multikulturellen und interkulturellen Ansatz. Letzterer verlangt jedoch eine begriffliche Auseinandersetzung mit dem Begriff Kultur bzw. Interkulturalität. So implizieren die Worte interkulturelles Lernen einerseits, dass es klare voneinander unterscheidbare Kulturen gibt, deren gemeinsame Brückenverbindung in Form interkulturellen Lernens geschieht (Wulf 1994). Dabei werden andererseits die Vielfalt von Lebensformen – jede Lebensform ist eine bestimmte Verknüpfung sozialer Struktur mit einer kulturellen Ausrichtung (Eder 1994) – und deren unterschiedliche Entwicklungsprozesse vernachlässigt.

Interkulturelles Lernen besteht infolgedessen darin, die Vielfalt verschiedener Lebensformen zu akzeptieren. Dazu gehört auch, die gewollte *Programmatik* hin zur harmonischen multikulturellen Gesellschaft aufzugeben und die "prinzipielle Unverstehbarkeit des anderen" (Wulf) anzuerkennen. Dies fordert wiederum heraus, mit Unterschieden leben und ihnen dialogisch und pluralistisch begegnen zu lernen (Muth 1998). Eine Unterscheidung zwischen dem Fremden und dem Eigenem bringt interkulturelles Lernen insofern nicht vorwärts, als diese dualistische Denk- und Handelsweise nicht mehr die faktische Pluralität des Lebens erfasst. Deswegen wird hier als Synonym für Kultur die Definition "Vielzahl von Lebensformen" bevorzugt, denn sie stellt eine Verbindung zur modernen Welt dar, die nicht mehr in Form von Feindbildern, sondern nur noch multiperspektivisch und in gewisser Weise immer begrenzt zu erfahren und zu erfassen ist.

Interkulturelles Lernen ist deswegen auch als das Erlangen einer *interkulturellen Kompetenz* zu sehen (vgl. Friedenthal-Haase 1992, Muth 1995). Wenn diesbezüglich Verstehen und Begegnen kultureller Vielfalt als Ausdruck einer "Übergangsfähigkeit" (Welsch 1996) zusammengefasst werden, gibt interkulturelles Lernen dem Menschen die Chance, sich selbst in Differenz zu den vielen anderen Lebensformen zu erfahren und die Pluralität der modernen Welt als Tatsache hinzunehmen. Dabei zeigt sich interkulturelles Lernen nicht nur als soziales Lernen. Des Weiteren können Pädagoginnen und Pädagogen dieses Lernen auch als globales Lernen begreifen, weil die Begegnung mit der Pluralität des Lebens insbesondere für ein radikales Entgegenhalten der Risikogesellschaft notwendig ist (Giddens 1995). Aus diesem Grund erweist sich interkulturelles Lernen als unvermeidbarer Kommunikationsprozess, um gesellschaftspolitische Probleme sowohl im Lokalen als auch im Globalen zu lösen. Praktisch verwirklicht sich interkulturelles Lernen somit in allen Lebensbereichen und kann als allgemeines didaktisches Paradigma in Erziehungs- und Bildungskonzepten aufgenommen werden. Die Vielzahl interkultureller Lebenspraxen zeigt sich schon jetzt, so dass keine Weltbürgerin bzw. kein Weltbürger mehr die Augen davor verschließen kann. Infolgedessen beginnt interkulturelles Lernen in der Auseinandersetzung mit dem Alltag, der sich nicht nur in ökonomischer Hinsicht als ein multikultureller entpuppt. Insbesondere in Beziehung zum/zur anderen braucht der Mensch eine Fähigkeit, mit den Unterschieden leben zu können. Dass dies allein über eine Moral nicht zu erreichen ist, zeigen die *Handlungsprobleme* des pädagogischen Personals im interkulturellen Arbeitsfeld. Lehmenkühler-Leuschner (1986) weist diesbezüglich auf die moralischen Überforderungen der Pädagoginnen und Pädagogen hin, die an der Diskrepanz zwischen moralischen und realistischen Ansprüchen an die Lernwirklichkeit leiden. Daraus können konkrete Konsequenzen für die Didaktik des interkulturellen Lernens folgen. Sie bestehen darin, mehr Selbstreflexion und Erfahrungswissen in den Vordergrund zu stellen, als das eigene Handeln mit Bildungsidealen zu vergleichen, die langfristig die Umsetzung interkultureller Lernziele stören und an den Tatsachen zwischenmenschlicher Kommunikationsprobleme vorbeigehen (vgl. Muth 1998).

Literatur

Auernheimer, G. (1990): Einführung in die interkulturelle Erziehung, Darmstadt.

Eder, K. (1994): Das Paradox der "Kultur". Jenseits einer Konsensustheorie der Kultur, in: Paragrana 1, S. 148-173.

Essinger, H./Kula, O.B. (1987): Pädagogik als interkultureller Prozeß: Beiträge zu einer Theorie interkultureller Pädagogik, Felsberg.

Friedenthal-Haase (1992): Erwachsenenbildung und Interkulturalität: Zeitgemäße Perspektiven einer jungen Disziplin, in: dies. (Hrsg.): Erwachsenenbildung interkulturell, Frankfurt/M., S. 13-22.

Giddens, A. (1995) : Konsequenzen der Moderne, Frankfurt/M.

Muth, C. (1995): Interkulturelle Hochschulbildung – Toleranz lernen, in: Schader-Stiftung (Hrsg.): preis 95, Darmstadt, S. 191-219.

Muth, C. (1998): Erwachsenenbildung als transkultureller Dialog, Schwalbach/Ts.

Niekrawitz, C. (1991^2): Interkulturelle Pädagogik im Überblick: von der Sonderpädagogik für Ausländer zur interkulturellen Pädagogik für Alle – ideengeschichtliche Entwicklung und aktueller Stand, Frankfurt/M.

Prengel, A. (1993): Pädagogik der Vielfalt. Verschiedenheit und Gleichberechtigung in Interkultureller Feministischer und Integrativer Pädagogik, Opladen.

Reich, H.R. (1994): Interkulturelle Didaktiken, Münster

Wulf, C. (1994): Die Selbstthematisierung der Kultur, in: Paragrana 1, S. 190-199.

Werkstatt der Begegnungen: Wie man für interkulturelle Kommunikation sensibilisieren kann[1]

Unser Konzept nennt sich transkulturelle Dialogik. Es gibt den theoretischen Hintergrund für eine Arbeitsgruppe, der
- die Pluralität erfahrbar macht,
- die schwierige Akzeptanz der Differenz gegenüber dem anderen und der anderen widerspiegelt und
- der einen Weg aufzeigt, der keine Technik kennt, sondern eine Subjekt-Subjekt-Begegnung, d. h. Begegnung zwischen Gleichberechtigten, ermöglicht.

Unseres Erachtens sind die jeweiligen PädagogInnen die wichtigsten Instanzen. Sie 'müssen' bestimmten Erfordernissen gerecht werden. D. h., dass sie identitätsstiftende GesprächspartnerInnen sind und beispielhaft den Umgang mit den vielen anderen (Pluralität) erfahrbar machen. Es stellt sich infolgedessen die Frage, wo die PädagogInnen diese plurale Haltung lernen und lernbar gestalten können. Darum geht es im Konzept transkultureller Dialogik und entsprechend in der Arbeitsgruppe, wo Antworten auf die Fragen gefunden werden können:
Wie können PädagogInnen Pluralität lernen und vermitteln?
Bei der Beobachtung und Auswertung der Arbeitsgruppe ist darauf zu achten, wie

1. der Dialog zwischen den Jugendlichen und MultiplikatorInnen verlief. Gab es Subjekt-Subjekt-Begegnungen? Oder haben Arroganz, Besserwisserei etc. das Verhalten gelenkt. Wie war die Atmosphäre bezüglich des Vertrauens? Haben die Leute sich gegenseitig ausreden lassen und einander zugehört?
2. Welche Vielfalt war in der Arbeitsgruppe zu spüren, und wie offen war der Umgang damit?

---

[1] Werkstatt der Begegnungen: Wie man für interkulturelle Kommunikation sensibilisieren kann, in: Deutsche Kinder- und Jugendstiftung/Stadt Dortmund (Hg.): 6. Ost-West-Jugendkonferenz 1997. Andere Lebenswelten akzeptieren, Dortmund 1998, 66-67. Zusammen mit Claudia Lutze.

3. Welche Formen der Selbstreflexion wurden gefunden? Sprachen die TeilnehmerInnen über die "anderen" oder/und auch über sich selbst und über ihr eigenes Anders-Sein?

Ablauf

Auf Ausstellungstafeln werden Bilder über unsere interkulturelle Arbeit sein. Sie sollen der Veranschaulichung unserer Erfahrungen dienen. Gleichzeitig steht ein OH-Projektor zur Verfügung für spontane Dokumentationen.

Folgende Elemente sind geplant:
- Kennenlernen mit Austausch eigener interkultureller Erfahrungen (kurz),
- Fragebogen und Darlegung von einzelnen TeilnehmerInnen,
- kurzweilige 'interkulturelle ' Experimente,
- Darstellung des theoretisches Hintergrundes des Konzeptes 'transkulturelle Dialogik',
- Buber-Zitat als Überprüfung des 'eigenen Standorts'.

Das Konzept transkulturelle Dialogik in Kürze

Die Risikogesellschaft ist ein Produkt des Menschen. Nur er/sie selbst kann sie deswegen verändern bzw. 'verantworten'. Jugend- und Erwachsenenbildung als transkulturelle Diaologik sieht diesbezüglich ihre Aufgabe darin, den Menschen diese Verantwortung bewusst zu machen. Gelingen soll dies durch einen Lernprozess, der die Differenz zwischen den Menschen untereinander und des Menschen zur Welt erkennen lässt.

Zum Erkennen gehört allerdings eine weitere Fähigkeit, und zwar die einer 'transkulturellen Übergangsfähigkeit'. Sie löst die Spaltung zwischen Erkennen und Handeln auf und will durch ihre dialogischen Elemente ein Engagement gegenüber der Risikogesellschaft erwirken. Konkret zeigt sich dies in einem dialogischen Leben, das egozentrisches Verhalten gegenüber der Ausnutzung natürlicher Ressourcen reduziert und humane Lebensbedingungen, wie Identitätsbildung sichert.

Dialogik bietet insbesondere den in der Jugend- und Erwachsenenbildung Tätigen ein ethisches Handwerkszeug, um entsprechend zu antworten. Die daraus resultierende Erwachsenenbildung ist deswegen eine transkulturelle Dialogik, weil sie gleichzeitig die in modernen Gesellschaften immanente Pluralität und damit die Vielfalt moderner Lebensformen adaptiert. Es zeigt sich zudem, dass nur eine sogenannte Übergangsfähigkeit dem Menschen hilft, der Risikogesellschaft zu begegnen. In Analogie zur Buberschen Dialogphilosophie brauchen ErwachsenenbildnerInnen diesbezüglich ein Bewusstsein für

- Einsamkeit,
- Freiheit,
- Hören und Hören-Wollen,
- die eigene Biographie,
- Existenzängste,
- das echte Gespräch und
- für falsche und echte Lernbedürfnisse.

Praktisch sind die damit verbundenen Interaktionen von vier Punkten gekennzeichnet:
1. Vertrauen,
2. Echtheit als ernsthaftes Interesse,
3. Pluralität und
4. Akzeptanz.

Dialogisches Handwerkszeug besteht diesbezüglich aus der
- 'eingeschränkten' Umfassung,
- Realphantasie und dem Innewerden des/der anderen.

Durchführung und Reflexion
Nachdem wir die Kritik an den Referenten gesammelt hatten, haben wir vor der Pause eine intensive Kennenlernphase eingeleitet (Stichwort "Butterbrottüte"). Sie bestand darin, dass die TeilnehmerInnen eine 'innere' und 'äußere' Eigenschaft in Paargesprächen austauschten. Danach wurde reflektiert, was an den Gesprächen ein gelungener Dialog war und was nicht 'so gut' geklappt hat bzw. was schwierig war.
Nach der Pause erfolgten weitere Experimente zur interkulturellen Kommunika-

tion. Dabei ging es um die Fremdheit in anderen Systemen und um Ohnmachtsgefühle und Ratlosigkeit, wenn 'wir' in unbekannten Situationen nicht vorwärtskommen. Des Weiteren behandelten wir Macht im Gespräch und Anpassung an einen anderen Menschen. Wie fühlen wir uns, wenn wir 'fremdgeleitet' werden? Was macht Spaß dabei? Gibt es Konkurrenz? Abschließend habe ich das Konzept 'transkulturelle Dialogik' vorgestellt.

In der Arbeitsgruppe stellte sich folgendes heraus:
1. Sowohl Erwachsene als auch Jugendliche mögen kein 'künstliches Sprechen'.
2. Alle Menschen wollen gleichberechtigt behandelt werden und sein.
3. Menschen wollen aktiv angesprochen und beteiligt werden.
4. Es muss mehr solcher Räume geben, um das eigene Kommunikationsverhalten zu beobachten.
5. Der Dialog ist die beste Prävention für Gewalt und andere Formen der gewalttätigen Auseinandersetzung. Alle Menschen brauchen zwischenmenschliche Bestätigung – immer und überall.

Ein niederländisches (Entlastungs-)Konzept
Verantwortung geben und Verantwortung nehmen als Entlastung im (interkulturellen) Berufsalltag[1]

Einleitung
Belastende Situationen im Berufsleben sind vielen Menschen nicht fremd. Sie werden oft durch gegenseitiges Erzählen zwischenmenschlich bestätigt und dadurch 'vordergründig' geteilt. Wie jedoch Belastungen auszuhalten oder zu verändern sind, muss jeder Mensch existentiell allein leisten. Selbst 'gutgemeinter Rat' ist oft mehr ein 'Schlag' und Ausdruck von Grenzüberschreitungen. So drücken ArbeitskollegInnen echtes Mitfühlen und Mitteilen im Berufsalltag selten aus. Ein tiefes Wohlwollen oder auch echte Anteilnahme als Zeichen von mitfühlender Verbundenheit sind weniger zu finden als viel mehr Mitleid, das mit Mitfühlen und Mitteilen oft verwechselt wird. Perls et al. behaupten sogar, dass das Mitleid meist 'verhohlene Schadenfreude' ist[2]. Nach ihrer Meinung ist dieses Verhalten eine Form von Herablassung und kann als zwischenmenschlicher Ausdruck von Seiten der GewinnerInnen gegenüber den Rivalen, die den Verlust aushalten müssen, betrachtet werden. Perls et al. weisen darauf hin, wie diese Einstellung besonders in sozialen Einrichtungen zu finden ist, in denen ja eigentlich 'soziales Lernen' mit einem gewissen Maß an Gleichheit organisiert werden soll.

Ein handlungsorientiertes Konzept wird vorgestellt
Ein demokratischer und ernst gemeinter Vorschlag zur Entlastung von belastenden Arbeitssituationen ist das Konzept von Ied Guinée. Dessen Handlungsziele sind das genaue Herausfinden, wie Verantwortung abgegeben bzw. angenommen werden kann. Das Konzept kam in Form eines 'methodischen Settings' einerseits, individuell als persönlicher Fragebogen und andererseits in professio-

---

[1] Ein niederländisches (Entlastungs-)Konzept: Verantwortung geben und Verantwortung nehmen als Entlastung im (interkulturellen) Berufsalltag, in: DIE BRÜCKE, 94, 1997, 64-66. Zusammen mit Ied Guinée. Wiederabdruck mit freundlicher Genehmigung.
[2] Vgl. Perls et. al. (1991): Gestalttherapie-Praxis, München, S. 174ff.

nellen Gruppenprozessen (Teamsitzungen, Supervision, Forschungsgruppen, Organisationsberatung etc.) angewendet werden.

Guinée zeigt Möglichkeiten, wie sich Menschen mit der Last des Berufsalltags in verantwortlicher Weise für das eigene Selbst und für die anderen in Hinblick auf Veränderung konfrontieren können. Ihrer Analyse nach liegen die Möglichkeiten im Freiraum von Initiativen, im Spielen, in der Veränderung von Positionen und in der Variationsbreite von Verhaltensweisen.

Interessant an diesem Konzept sind ebenso einige Überschneidungen mit dem Gestalt-Ansatz, der den theoretischen Hintergrund für meine interkulturelle Bildungspraxis gibt.[3] Für mich ein Grund, es hier vorzustellen und auf diese am Ende hinzuweisen.

Einführung in den Konzeptansatz

Seit 10 Jahren interessiert mich die Frage der "leadership development" – Entwicklung von Führungskräften. Wie kann "leadership" (Begriffe wie "leader" und "leadership" – also Führer/in und Führung – werden nicht übersetzt, da diese im Deutschen mit einer negativen Konnotation belegt sind. Anmerkung der Übersetzerin) einschließend statt ausschließend gestaltet werden, wie kann sie von Individuen in Beziehung zu anderen entwickelt werden, und inwiefern kann sie Organisationen positiv beeinflussen, so dass diese sich ihren Angestellten und der Umwelt gegenüber verantwortungsbewusster verhalten?

In diesem Artikel beschäftige ich mich mit dem Konzept der "leadership" und erarbeite einen Prozess, mit dem Ziel, "leaders" zu stimulieren, und stelle die Implikationen der Benutzung dieses Konzeptes dar.

Führung/leadership als ein Konzept

Im Rahmen meiner Arbeit mit Frauengruppen habe ich festgestellt, dass viele von ihnen sich nicht als rechtmäßige "leaders" empfinden. Wenn ich von "leaders" oder "leadership" spreche, beziehe ich mich eher auf einen Prozess als auf eine Position. "Leadership" definiere ich folgendermaßen:

---

[3] Vgl. Muth, C. (1995): Interkulturelle Hochschulbildung - Toleranz lernen, in: schader-Stiftung (Hg.): 'Gesellschaftswissenschaften im Praxisbezug', Themengebiet 1995: Migration, Darmstadt, S. 191-219.

Initiative ergreifen, eine Entscheidung treffen, sich für diese Entscheidung verantwortlich fühlen, zwischen sich selbst und anderen ein Gleichgewicht finden. Auf Niederländisch kann zwischen "leiding nemen" und "leiding geven" unterschieden werden. Letzteres trifft den englischen Begriff "leadership" am besten. "Leiding geven" bezieht sich auf eine genau definierte Stellung, die man in einer Organisation innehat, zeichnet sich durch gewisse Merkmale und durch bestimmte Führungseigenschaften aus. Es setzt außerdem voraus, dass man andere Menschen "führt".

Führung als "leiding nemen" wird nicht einer Stellung innerhalb einer Organisation zugeschrieben. Es entsteht in Beziehung zu und in Gegenseitigkeit mit anderen und befindet sich in einem ständigen Entwicklungsprozess.

Es ist eine gesellschaftliche Rolle, die jeder/m zugänglich ist und die Möglichkeit bietet, aus gegebenen Strukturen auszubrechen, Freiraum für Initiative zu schaffen, auch in Nicht-Führungs-Positionen. Das Ziel ist eine Steigerung des Wohlbefindens des Individuums, der Gruppe, des Teams und der Organisation. Es stellt sich die Frage, welche unterstützende Struktur es Menschen ermöglicht, die "leadership" zu übernehmen.

Ein Prozess der Entwicklung von "leaders"

Das Schlüsselwort aus dem letzten Absatz ist "Freiraum für Initiativen". Was trägt zu der Schaffung eines solchen Freiraumes bei, in dem Menschen ihre Ideen zum Ausdruck bringen, einander zuhören und die Beiträge anderer respektieren und neue Möglichkeiten entdecken können? Interessanterweise existiert solch eine Freiraum schaffende Struktur. Sie beruht auf grundsätzlichen Einverständnissen, die entweder innerhalb einer Gruppe besprochen werden können oder schon soweit verinnerlicht sind, dass evtl. daran erinnert werden kann, aber nicht mehr darüber diskutiert werden muss. Grundsätzliche Einverständnisse bestehen aus:

1. Zeitteilung: Die verfügbare Zeit wird unter den vorhandenen Personen und je nach gewünschter Arbeitszeit aufgeteilt. Dem liegt der Gedanke zugrunde, dass jeder Beitrag wichtig ist und jede/r etwas zu dem Thema beizusteuern hat. Denn es ist ihre Zeit.

2. Sprechen Sie aus eigener Erfahrung: Anstatt aus zweiter Hand oder anderswo

Gehörtes wiederzugeben, zählt die Erfahrung jeder Person. Denn sie spiegelt auch "Realität" für die beteiligten Personen.

3. Vertrauen: Dass persönliche Angelegenheiten, die besprochen werden, weder hinter dem Rücken von Personen noch außerhalb des Treffens erwähnt werden, ist ein weiteres Einverständnis.

4. Keine Urteile fällen und keine unerbetenen Ratschläge erteilen: Eine Person, die sprechen kann, kann auch um Rat und spezifisches Feedback bitten.

Sich selbst, andere und die Diskussion nicht schlecht machen.

Diese Übereinkünfte lassen sich de facto als Respekt für die/den andere/n, ihre/seine Gedankengänge und unterschiedliche Erfahrungen zusammenfassen. Als Unterstützung kann eine Reihe von Fragen, denen mittlerweile eine eigene Sprachstruktur zu eigen ist, ausgearbeitet werden. Die Antworten auf diese Fragen können aufdecken, dass Menschen mit einem Begriff unterschiedliche Bedeutungen verbinden:

Was bedeutet Ihnen ...?

Was gefällt Ihnen daran? (positive Konnotation)

Was fällt Ihnen daran schwer? (negative Konnotation)

Was muss Ihrer Meinung nach in Bezug auf ... geändert werden?

Wie können Sie dazu beitragen?

Was ist Ihr erster Schritt?

Welche Unterstützung benötigen Sie?

Die Antworten auf die Fragen spiegeln wider, was ein bestimmtes Thema einer Person generell bedeutet, außerdem, was für sie positive und negative Konnotationen sind (vgl. die ersten drei Fragen).

Die zweite Gruppe von Fragen betrifft Veränderung von politischen Strukturrahmen. Durch diese Fragen kann nicht nur die Vorstellung einer Veränderungsrichtung, also ein Zukunftsplan entwickelt werden, sondern auch die Art, in der die/der Einzelne die ersten Schritte zur Verwirklichung beitragen kann (vgl. "leidung nemen"). Die Frage nach Unterstützung weist darauf hin, dass man in diesen Situationen nicht alleine da steht.

Diese Fragen können als Instrumente für Forschung, Organisation und Entwürfe gewertet werden und wurden als solche in den Niederlanden und im Ausland auch eingesetzt.

Die Entwicklung von "leaders" mit einem bottom-up Ansatz: einige Beispiele

Eine Gruppe von ExpertInnen entwickelt ein Projekt (Nachbarschaftsprojekte, Arbeitsaustausch), um Frauen, die wieder in den Arbeitsmarkt eintreten möchten, eine unterstützende Struktur zu verschaffen. In diesem Fall werden eine Reihe von Fragen als Forschungswerkzeug gebraucht.

Was bedeutet (diesen Frauen) Arbeit?

Was gefällt ihnen daran?

Was fällt ihnen schwer?

Welche Veränderungen müssen vorgenommen werden, damit sie wieder in den Arbeitsmarkt eintreten?

Es ist leicht vorstellbar, dass in kurzer Zeit eine Reihe wichtiger Themen auf den Tisch kommen; z. B. die verschiedenen Lebensläufe der Frauen, ihre bisherigen Arbeitserfahrungen und Hindernisse, die einer Wiederaufnahme der Arbeit im Wege stehen. Diese können in fehlender Kinderbetreuung, Umschulungs- und Fortbildungsproblemen oder Steuerfragen etc. liegen. Es liegt an den in einem Netzwerk zusammenarbeitenden ExpertInnen, mögliche Alternativen und Lösungen zu erarbeiten. Die oben erwähnten Fragen können auch bei einem Zusammentreffen der ExpertInnen gestellt werden.

Was bedeutet ihnen dieses Projekt?

So können ihre unterschiedlichen Interessen erwähnt werden, und das Wichtige daran ist, dass sie offen und nicht unterschwellig zur Sprache gebracht werden. Zum Schluss befinden sich alle in einer Win-Win-Situation – alle profitieren davon – und Differenzen können problematisiert und ausgeglichen werden.

Ein weiteres Beispiel ist die Arbeit einer Gruppe aus Abgeordneten und Bürgermeister/in. Sie engagieren sich für die gesellschaftliche Wiederbelebung ihrer Stadt. Sie sprechen aufgrund ihrer eigenen Erfahrungen, statt sie in ihrer Funktion als Abgeordnete und Bürgermeister/in anzugehen. Dieses bringt andere Bedeutungen der gesellschaftlichen Wiederbelebung zu Tage. Sie werden sich darüber bewusst, dass sie bisher davon ausgegangen sind, sie sprächen von der gleichen Sache. Aus dieser morgendlichen Sitzung entspringt ein Plan, wie gewisse Themen angepackt werden sollen, und wer wofür Verantwortung übernehmen wird.

Bei einem weiteren Treffen machen sie anhand dieser Fragen Umfragen innerhalb der Gemeinde und während der Treffen mit dem Ortsrat. Außerdem habe ich während meiner Arbeit mit Frauengruppen Möglichkeiten gesehen, Vielfalt herzustellen. Aufgrund einer gemeinsamen Basis wird die Atmosphäre vertraut genug, so dass über die Schwierigkeiten des Aufwachsens in unterschiedlichen sozialen, nationalen und ethnischen Kontexten gesprochen werden kann.

Ich habe auf eine sehr spezifische Art und Weise von der Entfaltung von "leaders" gesprochen. Ein bottom-up Ansatz, der von Individuen (erwähnte Fragen können bei einer Entscheidungsfindung behilflich sein), Gruppen oder Organisationen verwendet werden kann. Das Schlüsselwort ist die Schaffung eines Freiraumes und die Möglichkeit zu "spielen", Stellungen auszutauschen und verschiedene Verhaltensweisen auszuprobieren.

Ausblick

Auf den ersten Blick scheint das Wort "leadership" seltsam und irritierend. Beim zweiten Blick ist die Ähnlichkeit mit dem Element "Verantwortung" im Gestalt-Ansatz zu sehen. In Guinées Konzept steht die Eigenverantwortung im Vordergrund. So sagt Clarkson:

> "The Gestalt approach is profoundly based an the notion that each person is responsible for the expierence of his or her life. This implies that every moment the indiviual makes choices to act or not to act in certain ways, and that he or she is responsible for all these choices."[4]

Eine weitere Überschneidung ist der Bezug zur Gegenwart, die das Formulieren und Diskutieren des Fragenkatalogs und damit dieses Konzept in der Anwendung begreifbar macht. Erst im 'hier und jetzt' zeigen sich die zur Entlastung zu findenden Möglichkeiten. Denn die entlastenden Schritte sind nur in der Gegenwart zu erfahren und nicht durch eine ausschließlich selbstreflexive Haltung zu erspüren. So helfen die Fragen, eine erste Bewusstseinsebene zu erreichen

---

[4] Clarkson, P. (1989): Gestalt Counselling in Action, London, S. 24.

und negative Verstrickungen aufzubrechen. Die Fragen können zum Beispiel folgendermaßen lauten:
1. Was bedeuten mir meine ArbeitskollegInnen?
2. Was mag ich an ihnen?
3. Was finde ich schwierig mit ihnen?
4. Was muss in Hinblick auf meine KollegInnen verändert werden?
5. Was kann ich dafür tun?
6. Was kann ich als ersten Schritt unternehmen?
7. Welche Unterstützung brauche ich dafür?

Diese Art der Fragen veranlassen die involvierte Person, sich vom Berufssetting zu distanzieren und dessen Sinn erneut zu entdecken und sich von 'unsinnigen' Handeln zu trennen.

Außerdem ist dieses Vorgehen mit den 'Bewusstheiten' zu vergleichen, mit denen sich Gestalt beschäftigt: "Es ist ein Prozess des Erfassens: ein Zusammenfassen von zerlegten Teilen zu einen verständlichen Ganzen."[5]

So weist Nevis in einer 'repräsentativen Liste' auf die Dinge hin, derer man sich bewusst werden kann. Er nennt Sinnesempfindungen, innere Verbalisierungen und Visualisierungen, Gefühle, Werte und interpersonelle Beziehungen und Gruppeninteraktionen.[6] Guinées Konzept ist dafür eine handhabbare Anleitung. Das Fragesetting reduziert durch die zur Differenzierung zwingenden Fragen Komplexität und durch die Suche nach Antworten beginnt der Prozess einer (Um- bzw. Neu-)Strukturierung. Diese Auseinandersetzung mit dem Problem kann im Kontakt mit den BerufskollegInnen, z. B. zu einer Neuformulierung der Situation und mit ihnen zu einer Veränderung führen. Diese Art des "creative change" ist von Petzold et al. für die Gestalttherapie ausführlich dargestellt worden[7].

In dem hier vorgelegten Konzept geht es jedoch nicht um therapeutische Pro-

---

[5] Polster, E./Polster, M. (1983): Gestalttherapie, Frankfurt/M., S. 194ff., hier: 197.
[6] Nevis, E. C. (1988): Organisationsberatung, Köln, S. 41.
[7] Vgl. Petzold, H./Mathias, U. (1982): Rollenentwicklung und Identität, Paderborn nach Bünte-Ludwig, Ch. (1984): Gestalttherapie - Integrative Therapie, in: Petzold, H. (Hg,): Wege zum Menschen, Paderborn, S. 217ff. hier: 270.

zesse, sondern um eine Bewusstseinsebene, die in der Gegenwart mit anderen im Berufsalltag (mit-)geteilt und (mit-)gefühlt werden können.

Guinée möchte mit ihren 'Anleitungen' kleine Schritte zum "Acting" zeigen, mit denen direkt in der jeweiligen Existenz Verantwortung übernommen werden kann. Dass dies nicht ohne Konflikte und Verletzungen möglich und deswegen so schwierig ist, wird von Guinée nicht diskutiert. Es ist jedoch auch nicht ihr Anliegen. Sie will initiieren, anregen, Veränderungen an- und einleiten. Mit ihrem praktischen Handlungsentwurf ist eine erste Wahrnehmungshürde, genommen, die die Belastung im Alltag so oft repräsentiert: Belastung und die damit verbundenen Schwierigkeiten werden als unumgängliches Schicksal angenommen.

Lernen von Akzeptanz und Toleranz in der deutschen Aufnahmegesellschaft - am Beispiel interkultureller Hochschulbildung[1]

Das Projekt "Interkulturelle Hochschulbildung ...

... als Lernfeld von Toleranz und Akzeptanz in der deutschen Aufnahmegesellschaft" untersuchte am Beispiel der Hochschule, was politische Bildung in Theorie und Praxis pädagogisch leisten kann, um Toleranz und Akzeptanz zu fördern. In zahlreichen Workshops im In- und Ausland erprobte und entwickelte ich als Erwachsenenbildnerin mein Bildungskonzept.

Zielgruppen dieses seit 1991 laufenden Projektes sind ausländische und inländische Studierende sowie MultiplikatorInnen, die z. B. als DozentInnen in transnationalen Aus- und Weiterbildungsprogrammen involviert sind.

1. Zum Projektansatz

Den Projektansatz habe ich aus einem von Enno Schmitz in den 80er Jahren für die Erwachsenenbildung entwickelten Modell übernommen. Sein Ansatz hebt pädagogische Interaktionen als wesentliches Transfermedium von lebensweltbezogenen Erkenntnisprozessen hervor. Die besondere Transformation meinerseits ist, PädagogInnen als Instanzen von interkulturellen Sozialisationsprozessen zu betrachten. Dies bedeutet, dass professionelle BeraterInnen, DozentInnen etc. wesentlich mitverantwortlich sind, wenn in realen Konfliktsituationen ein annähernd demokratischer Konsens gefunden werden soll. In diesen Lern-Lehr-Prozessen sind Vertrauens- und Glaubwürdigkeit von Seiten der PädagogInnen entscheidende Faktoren für den gelungenen Transfer von Toleranz und Akzeptanz zwischen den verschiedenen Visionen und Realitäten von Kultur(en).

2. Zum Transferansatz

---

[1] Lernen von Akzeptanz und Toleranz in der deutschen Aufnahmegesellschaft – am Beispiel interkultureller Hochschulbildung, in: Schader-Stiftung (Hg.): Symposium und Kolloquium zum Bereich Migration, Darmstadt 1996, 197-202. Wiederabdruck mit freundlicher Genehmigung.

Für die praktische Umsetzung dieses sozialwissenschaftlichen Modells entwickelte ich meinen persönlichen gestaltpädagogischen Transferansatz. Dieser versteht Lernen und Lehren als interaktiven Prozess, in dem Menschen konkrete Erfahrungen des Miteinander-in-der-Welt-seins machen. Durch authentische zwischenmenschliche Begegnungen sollen Lernende ermutigt werden, das Bild ihres Selbst zu bestimmen, indem sie sich ihrer interkulturellen Werte und Verhaltensweisen persönlich bewusst werden.

Für diesen Vermittlungsprozess brauchen PädagogInnen ein Gewahrsein für sich selbst, das sich u. a. in Form von persönlichen Beobachtungs- und Artikulationsfähigkeiten, die wiederum gleichzeitig in Abhängigkeit von kulturpolitischen Räumen stehen, ausdrückt. Diese und andere Fähigkeiten, zusammengefasst als interkulturelle Kommunikationskompetenz, könnten langfristig in einem einjährigen Lehrgang erworben werden. Folgende Programmpunkte geben den Modellrahmen:

- Analyse und Selbstreflexion der Wahrnehmung von Nation und Kultur und Wahrnehmung von Menschen,
- Erwerb von Wissen und persönlichen Diskriminierungserfahrungen und über Strategien zu deren Bewältigung,
- Gewahrsein des eigenen Verhaltens und Reflexion der eigenen und der deutschen Identität(sentwicklung),
- Kommunikationsverhalten im Umgang mit Personen unterschiedlicher Kulturen.

3. Warum hat die deutsche Aufnahmegesellschaft Probleme mit Akzeptanz und Toleranz?

Diese Problematik ist unter anderem Ausdruck eines historischen Prozesses, der wiederum auch mit dem Nationalsozialismus zusammenhängt. So verhindern bislang unverarbeitete Schuldgefühle eine echte Realitätswahrnehmung von Migrationsprozessen. Es herrschen überwiegend Abwehr und Angst gegenüber Klärungsversuchen, weil Loyalitäten und Beziehungen hinterfragt werden müssten. Dazu gehört ebenso das Hinterfragen des eigenen Selbstbildes in Hinblick auf Autoritäten, Verhalten und Werte.

Studierende mit deutscher Nationalitätszugehörigkeit, die ins Ausland gehen, werden immer wieder mit den genannten Problemaspekten konfrontiert und trauen sich nicht, ihre Bedürfnisse gegenüber anderen ernst zu nehmen. Oft haben die Studierenden und ebenso das Lehrpersonal ein negatives (übertrieben kritisches) Deutschlandbild verinnerlicht, das, psychologisch gedeutet, jedoch eine Projektion und deswegen auch immer ein "stellvertretendes Bilddetail" des eigenen Selbst ist. Ein ausschließlich negatives Deutschlandbild kann von einem abgewerteten Selbsthandeln bis zu Selbsthass führen und sich in weiteren (unrealistischen) Projektionen und Fremdenhass fortsetzen.

4. Projektziele und Projektpraxis
Ziel des Projektes war ein Gewahrsein für diese "Geister" bzw. Bilder, die in interkulturellen Begegnungen irrational "herumspuken", rational zu erfassen. Erst danach sind realistische Wahrnehmungen in Hinblick auf notwendige globale bzw. transkulturelle Kommunikation möglich.
Praktisch folgte der Transfer dem schon erwähnten Gestalt-Ansatz in Form einer dialogischen Pädagogik, die phänomenologisch arbeitet. Diese geht davon aus, dass die Wahrnehmung der Welt und Wirklichkeit von den schon vorhandenen Bildern der BetrachterInnen abhängt, und wiederum diese Bilder hängen von dem Bild ab, das die BetrachterInnen von sich selbst haben. Je verzerrter und unauthentischer dieses Selbst ist, desto unrealistischer wird auch jede Kommunikation mit diesem Selbst. Feinziel der Workshops war, Distanz zu allen Bildern zu erhalten, um neu und realistischer handeln zu können. Dabei ging es unter anderem um die Rekonstruktion des Deutsch-Seins anhand der eigenen Biographie.
Bedingungen für diese Art des Lernens drücken sich in Form einer vertrauten Atmosphäre ohne fremdbestimmten Handlungsdruck (= Moral) aus. Die dabei entstehenden Ängste werden sehr ernst genommen. Denn Veränderungen des Selbst werden existentiell ge- und erspürt und auch wie "kleine Tode" erfahren.

5. Anregungen für weitere Transferprozesse
Folgende Punkte halte ich als Wissenschaftlerin für weitere Transferprozesse beachtenswert:
- In der Realität gibt es keine Mono-Kultur. Das Diskutieren über die eigene

und die fremde Kultur spiegelt das Festhalten an einer Fiktion und Illusion wider.
- Bei Anwendung dieser Begrifflichkeiten ist davon auszugehen, dass alle Kulturen fortwährende Veränderungsprozesse durchlaufen. Begriffe sind dabei "Fotos" für Momentaufnahmen von Entwicklungen. Auch das Selbst eines Menschen hat keine statische Größe, es wächst und verändert sich permanent.
- Das Gewahrsein für unser abendländisches Denken kann noch differenzierter sein. Wir müssen uns von diesem zwischenzeitlich immer wieder distanzieren, um Destruktives abzulegen.
- Die Welt ist schon längst durch wirtschaftliche und technische Organisationsformen transkulturell. Zwischenmenschliche Kommunikation entlang einer menschengerechten und somit ökologischen Ethik und das damit möglicherweise verbundene Vertrauen werden langfristig nicht mehr an geographische Orte gebunden sein (vgl. 4. Frauenweltkonferenz 1995).

Interkulturelle Hochschulbildung: Toleranz lernen[1]

1. Warum interkulturelle Hochschulbildung?

Toleranz im Umgang mit Fremden, ihr Anders-Sein akzeptieren können sind notwendige Fähigkeiten demokratischer BürgerInnen. Doch das Verhältnis zwischen fremder Kultur und eigener, deutscher Kultur betrifft nicht nur den Umgang der deutschen InländerInnen mit den hier lebenden MigrantInnen. Als Folge der europäischen Integration und der Globalisierung der Märkte gewinnt die Fähigkeit zur interkulturellen Zusammenarbeit auch im Berufsleben immer mehr an Bedeutung. Zu interkultureller Toleranz gehört auch der sichere Umgang mit dem eigenen Anders-Sein in der Fremde: die Fähigkeit zum Ausländerin-Sein.
Toleranz und Akzeptanz lassen sich leicht einfordern, doch im Alltag müssen sie erst einmal praktisch erlernt werden. Dieser Aufgabe nimmt sich die interkulturelle Bildung an, ein Teilbereich von Erziehungs- und Politikwissenschaft. Das Projekt "Interkulturelle Hochschulbildung als Lernfeld von Toleranz und Akzeptanz in der deutschen Aufnahmegesellschaft" untersuchte am Beispiel der Hochschule, was politische Bildung in Theorie und Praxis pädagogisch leisten kann, um Toleranz und Akzeptanz zu fördern. In zahlreichen Workshops im In- und Ausland wurde ein Bildungskonzept entwickelt und erprobt. Zielgruppen dieses seit 1991 laufenden Projektes sind ausländische und inländische Studierende sowie MultiplikatorInnen, die z. B. als DozentInnen in transnationale Aus- und Weiterbildungsprogramme involviert sind. Die aus dem Projekt entstandene Konzeption hat mittlerweile Eingang in die Ausbildung künftiger DozentInnen für Erwachsenenbildung am Fachbereich Politische Wissenschaft der FU Berlin gefunden. Für Personen außerhalb der Hochschule, die an interkulturellen Schnittstellen arbeiten oder selber als DozentInnen interkulturelle Kompetenzen vermitteln wollen, wird ein einjähriger Weiterbildungslehrgang geplant.
Interkulturelle Toleranz ist keineswegs selbstverständlich. Die Realität in Deutschland reicht von naivem Widerstand und alltäglicher Ignoranz bis hin zu

---
[1] Interkulturelle Hochschulbildung – Toleranz lernen, in: Schader-Stiftung (Hg.): 'Gesellschaftswissenschaften im Praxisbezug', Themengebiet 1995: Migration, Darmstadt 1995, 191-219. Wiederabdruck mit freundlicher Genehmigung.

tödlichem Rassismus. Solche extremen Reaktionen und Aktionen stehen in direktem Zusammenhang mit der die deutsche Aufnahmegesellschaft kennzeichnenden Verunsicherung in ihrer eigenen kulturellen und nationalen Identität. Das Wort des Bundespräsidenten Herzog von Deutschland als der "verkrampften Nation" spiegelt ein unverarbeitetes und damit unbewusstes Identitätsproblem der deutschen Bevölkerung wider: sie kann sich als Nation nicht identifizieren und sich damit auch nicht als eine Einheit akzeptieren[2]. Selbstakzeptanz ist jedoch eine Bedingung für die Annahme von Toleranz gegenüber anderen und fremden Menschen.

Selbsthass und Selbstentwertung verstärken die Bereitschaft zu Projektionen und Fremdenhass. Hierauf weisen die Untersuchungen von Richter (1993: 397ff.) hin. Fetscher (1990) zieht eine ähnliche Folgerung aus seinen Forschungen zur Toleranz. Seiner Ansicht nach sind ein angemessenes Selbstbewusstsein und Selbstwertgefühl eine Bedingung für Toleranz. Ein geringes nationales Selbstwertgefühl führe zu Intoleranz gegenüber Fremden. Fetscher (1990:8) führt dazu aus: "Je schwächer das Gefühl der eigenen kulturellen Identität, je schwächer allgemein das Selbstwertgefühl ist, desto größer wird die Versuchung zur Intoleranz".

Auf die Schwierigkeiten, die besonders Deutsche mit ihrer eigenen, nationalen Identität haben, ist von GesellschaftswissenschaftlerInnen schon oft hingewiesen worden. Zu den Problemen der Identitätsfindung und der Selbstakzeptanz liegen zahllose Äußerungen vor.

Bereits Ende der 70er Jahre schrieb der Soziologe Norbert Elias in seinen Studien über die Deutschen, dass der Bundesrepublik Deutschland das Bewusstsein einer alle Gruppen umfassenden Schicksalsgemeinschaft fehle. Er verglich die deutsche Nation mit anderen europäischen Nationen: "Auch haben Menschen, die Nationalstaaten mit einer relativ langen, ungebrochenen Tradition bilden, gewöhnlich ein gewisses Gefühl für die letztliche Angewiesenheit der gegne-

---

[2] In seiner ersten außenpolitischen Grundsatzrede sagte Bundespräsident Roman Herzog: " ... Wir (= die Deutschen – CM) sollten uns nicht wichtiger nehmen, als wir sind, aber wir sollten uns auch nicht kleiner machen, als wir sind. ... Wir brauchen eine Außenpolitik ohne Zähne fletschen und Tschingdarassabum, aber auch ohne Verkrampfungen." Frankfurter Rundschau, 14.3.95.

rischen Gruppen ihrer Nation aufeinander, für ihre Verbundenheit als Erben der gleichen Schicksals- und Überlebensgemeinschaft; sie können auch bei leidenschaftlicher Abneigung immer noch sehen, dass sie die Auseinandersetzungen miteinander nie zu einem Punkte treiben dürfen, an dem ihr Zusammengehörigkeitsgefühl, ihr Empfinden der Solidarität, ihr letztliches Vertrauen zueinander als Engländer, als Franzosen oder Holländer in den Überlebenskämpfen der Nationen in Frage gestellt ist" (Elias 1989: 539).

Deutschen fehle dieses Verbundenheitsgefühl, für sie sei ein positives Nationalgefühl vielmehr höchst suspekt. Die Deutschen konnten kein einheitliches nationales Selbstbewusstsein und Selbstwertgefühl entwickeln. Diese Identitätsambivalenz ist die historische Folge des langen, komplizierten Wachstumsprozesses zur deutschen Nation. Besonders der Nationalsozialismus hat den Wert des Deutsch-Seins beeinflusst. Zu Recht belasten Schuldgefühle das nationale Bewusstsein und Selbstwertgefühl.

Der Historiker von Krockow (1991) fordert daher die Deutschen bei ihrer Suche nach Identität zu Offenheit, Komplexität und Vieldimensionalität auf[3]. Die offene Vielfalt der Anschauungen, Zugehörigkeiten und "Rollen" sei eine Chance und eine Voraussetzung für die Freiheit des Einzelnen. Erst die Möglichkeit, mit Spannungen umgehen und diese ausbalancieren zu können, schütze vor dem "mörderischen, eindimensionalen Freund-Feind-Verhältnis".[4] Von Krockow plädiert zugleich für eine kritische Auseinandersetzung mit der deutschen Identität. Sie dürfe weder verdrängt noch naiv bewahrt werden. Zu dieser kritischen Auseinandersetzung gehöre auch die jeweils eigene Beziehung zum Nationalsozialismus und Holocaust.

Die interkulturelle Bildung in Deutschland, deren Ziel unter anderem der gleichberechtigte Dialog mit anderen Kulturen und Nationen ist, hat jedoch bislang noch keine theoretische Begriffsfolie und praktische Orientierungsebene für die eigene deutsche Identität gefunden. Dies wäre jedoch notwendig, wenn sie In-

---

[3] Vgl. Krockow, C. v.: Über die Deutschen und ihre Suche der in den Überlebenskämpfen der Nationen nach Identität, in: Tagesspiegel, 15.10.91.

[4] Krockow, C. v.: a.a.O.

länderInnen und der Aufnahmegesellschaft Selbstakzeptanz und Offenheit für das Fremde vermitteln will.

2. Was kann interkulturelle Hochschulbildung für Toleranz tun?

Was kann nun mittels Bildung für die Entwicklung eines angemessenen nationalen Selbstwertgefühls als Basis für interkulturelle Toleranz getan werden? Interkulturelle Hochschulbildung hat keine Rezepte, um Akzeptanz und Toleranz in der Gesellschaft sozialtechnisch zu implementieren. Sie kann jedoch an konkreten Beispielen zeigen und erfahrbar machen, wie Selbstfindung und Selbstakzeptanz möglich sind und gegenseitige Toleranz entstehen kann.

Zur Suche nach eigener Identität wie zur Entwicklung von Toleranz gegenüber der eigenen nationalen Identität gehört die Bewältigung von Verhaltensunsicherheiten. Die Bewältigung solcher Unsicherheiten ist auch Aufgabe der Erwachsenenbildung. Indem sie es den Menschen ermöglicht, ihr Selbst zu erfahren, kann Erwachsenenbildung in einer problematischen Umwelt Rationalität und Verhaltenssicherheit herstellen (Schmitz 1989: 48ff.). Pädagogisches Handeln hat, angesichts von Unsicherheiten der Lernenden in ihrer Lebenspraxis, generell die Aufgabe, neue Gewissheiten herbeizuführen.

Pädagogische Interaktionen sind dabei zugleich eine besondere Form der Verwendung sozialwissenschaftlichen Wissens. Hierauf hat schon Mitte der 80er Jahre die Forschung zur Verwendung sozialwissenschaftlichen Wissens hingewiesen. Schmitz et al. (1985) unterscheiden die Form des pädagogischen Handelns von wissenschaftlichem und alltagspraktischem Handeln. "Praktisches Handeln" ..., so definieren sie, "ist durch einen Primat des Reaktionszwangs gekennzeichnet, der der "Problembewältigung" den Vorrang gibt und nur begrenzte Möglichkeiten lässt, den "Nachweis der Vernünftigkeit" des Handeln zu führen" (Schmitz et al. 1985:18). Wissenschaftliches Handeln sei dagegen durch die Entlastung von unmittelbaren Reaktionszwängen auf praktische Probleme gekennzeichnet. Pädagogisches Handeln stellt nun eine Schnittstelle zwischen praktischem und wissenschaftlichem Handeln dar. Kennzeichnend für sie ist die "face-to-face"-Begegnung, die einen unmittelbaren Kontakt zwischen Lebenspraxis und Wissenschaft herstellt. Ähnlich einem Beratungsgespräch zielt pädagogische Interaktion darauf ab, dem Ratsuchenden neue Sicherheiten zu vermitteln. Wesentliche Voraussetzungen für eine erfolgreiche Verwendung gesellschaftswissenschaftlichen Wissens sind nach den Untersuchungsergebnissen von Schmitz et al. (1985) das Vorhandensein von Akzeptanz und Vertrauen. Daher müssten in der pädagogischen Praxis die DozentInnen für Erwachsenenbildung diese Verhaltensweisen verkörpern und für Vertrauen sorgen. Hierzu legen Schmitz et al. eine an das Luhmannsche Handlungsmodell der Entstehung von Vertrauen angelehnte "Strategie der kleinen Schritte" nahe: "Man fängt mit kleinen Schritten an und baut auf Bewährungen auf. So entwickelt sich nach und nach eine vertrauensvolle Beziehung." (Schmitz et al. 1985:127-128)

Da Vertrauensbereitschaft und Vertrauenswürdigkeit der TeilnehmerInnen und ErwachsenenbildnerInnen eine entscheidende Rolle im Lehr-Lernprozess spielen, ist der Einsatz von Vertrauen unter professioneller Kontrolle zu gewährleisten. Schließlich kann Vertrauen von beiden Seiten missbraucht werden. Drei Verhaltensweisen der DozentInnen können vertrauensbildend wirken:

1. Die echte Bereitschaft des Zuhörens,
2. Nachfragen und Verstehenwollen als Ausdruck eines problemlösenden und unterstützenden Engagements und
3. die Übernahme und der Einsatz von Verantwortung.

Dennoch gilt: "Letztlich kommt es darauf an, ob der Berater in der Lage ist, Vertrauenswürdigkeit in seiner Person zu 'verkörpern'" (Schmitz et al. 1985:129).

Als praktischer Ansatz und theoretische Grundlage interkultureller Hochschulbildung kann die in den 70er Jahren in Deutschland entstandene Gestaltpädagogik herangezogen werden, ein erziehungs- und sozialwissenschaftlicher Interaktionsansatz (vgl. Burow 1988). Die Gestaltpädagogik geht davon aus, dass sich Persönlichkeit in direktem Kontaktverhalten entwickelt. Ihr Ziel ist u. a., " ... die verzerrte Wahrnehmung der Hier-und-Jetzt-Situation zu fördern sowie die Fähigkeit zu spontanem, ungehindertem Selbstausdruck zu unterstützen, um die Voraussetzungen für die Möglichkeit weitgehend bewusster, verantwortlicher Entscheidungen ... und damit den individuellen Freiheitsspielraum des Menschen ... zu erweitern" (Burow 1988: 56).

Der Einsatz der gestaltpädagogischen Methodik eignet sich gut für die Identitätssuche und Entwicklung von Selbstakzeptanz. Mit seiner Hilfe soll erreicht werden, dass Deutsche sich mit ihrer ambivalenten Beziehung zu ihrem eigenen Land identifizieren können. Dies bedeutet, dass sie ihrer eigenen Kultur gegenüber auch Sympathie sowie Einfühlung für die geschichtliche Problematik entwickeln. Diese Identifikation bedeutet dagegen nicht eine Verinnerlichung deutschnationaler Argumente, die Deutschland idealisieren und den Holocaust relativieren.

Gestaltpädagogik versucht, Lernen als einen interaktiven Prozess zwischen Lehrenden und Lernenden anzuregen, da sie annimmt, dass die jeweilige Umweltsituation und das Selbst eines Menschen miteinander interagieren. Das Ziel sind menschliche Begegnungen, die sich als authentische und persönliche Beziehungen von den Formen der sachlich-funktionalen Beziehung und der Objektbeziehung unterscheiden. Mit der praktischen Anwendung der Gestaltpädagogik sollen Menschen die Fähigkeit erlernen, sich als ein seiendes und existierendes Subjekt zu akzeptieren und so diese Art entfremdeter Beziehungen zu überwinden. Ein gestaltpädagogisches Begegnungskonzept versucht, konkrete Erfahrungen des "Mit-Teilens, Mit-Fühlens, Mit-Leidens, Mit-Gebens, Mit-Wachsens" als wesentliche Bestandteile einer neuen "Mit-Menschlichkeit" zu realisieren (Eppler 1981: 131). In der Praxis nehmen die Erfahrungen der PädagogInnen eine zentrale Stellung ein. GestaltpädagogInnen wollen ihre eigenen Erfahrungen im gegenseitigen Austausch mit den Lernenden erweitern.

"Das heißt, er (der Therapeut – CM) wird nicht nur Antworten und Feedback-Geber, sondern er nimmt auch schöpferisch an der Schaffung neuen Lebens teil. Er ist mehr als nur Katalysator, der chemische Veränderungen bewirkt, ohne sich selbst zu verändern." (Polster 1993: 33)

Da die PädagogInnen Vertrauen verkörpern und bilden wollen, zeigen sie ihre Integrität und Kongruenz hinsichtlich der angestrebten Ziele in ihrer Haltung und ihrem Verhalten. Gestaltpädagogisch handelnde ErwachsenenbildnerInnen beziehen sich auf die persönlichen Erfahrungen der KursteilnehmerInnen, um deren jeweiligen Entfremdungen aufzuheben. So können sie die TeilnehmerInnen darin bestärken, dass sie das Bild ihrer eigenen Identität selbst bestimmen können, indem sie sich für bestimmte Werte und Verhaltensweisen bewusst entscheiden. Gestaltpädagogik will diese Erfahrungen als Quelle eigenen Handelns für schöpferisches und lebendiges Sein fördern.

3. Das Projekt "Interkulturelle Hochschulbildung"

Die Hochschule bietet sich als Feld für das Erlernen interkultureller Kommunikation geradezu an: Da sich die Bildungsanforderungen in der westlichen Hemisphäre verändert haben, werden Studierende dazu angehalten, ein Auslandssemester in ihr Studium zu integrieren. Das Ziel derartiger Programme ist neben dem Erwerb von Fachwissen auch die Erweiterung der persönlichen und professionellen Handlungsmöglichkeiten sowie der interkulturellen Perspektiven. Zudem soll so das Erlernen von sozial-kulturellen Verhaltensweisen institutionell gefördert werden. Auch als Folge derartiger Auslandsaufenthalte begegnen sich an Hochschulen im In- und Ausland Studierende vieler Länder. Die Erfahrungen interkultureller Kommunikation, die sie als Deutsche im Ausland oder als InländerInnen mit ausländischen KommilitonInnen sammeln, können für ihr späteres Berufsleben prägend sein.

3.1 Der Ansatz

Hieran ansetzend verfolgte das Projekt "Interkulturelle Hochschulbildung" zunächst das Ziel, Probleme und Erfahrungen der interkulturellen Bildung zusammenzutragen. So wurden Erfahrungen über das jeweilige AusländerIn-Sein gesammelt – sowohl von deutschen InländerInnen im Ausland als auch von AusländerInnen in Deutschland. Weiterhin wurde der Prozess des Erlernens sozial-kultureller Fähigkeiten wie Toleranz, Akzeptanz und gleichberechtigte Zusammenarbeit erforscht. Gleichzeitig wurde dieser Lernprozess in Workshops an Hochschulen des In- und Auslands praktisch geprobt. Um das Erlernen von Toleranz zu unterstützen, stand dabei die Vermittlung der Wahrnehmungsstrukturen unterschiedlicher Kulturen und der dazugehörigen Einstellungen und nationalen Haltungen im Mittelpunkt. Aus diesen Workshops entwickelte sich im Verlaufe mehrerer Jahre ein Bildungskonzept, das mittlerweile im Ausbildungsschwerpunkt "Politische Bildung" des Fachbereichs Politische Wissenschaft der FU Berlin verankert wurde.

Das didaktische und methodische Vorgehen orientierte sich an den bereits angesprochenen Theorien der Erwachsenenbildung und Gestaltpädagogik. Der pädagogische Handlungsrahmen bestand aus Workshops mit variablen Zeiträumen: drei Stunden, ein Tag, ein Wochenende oder eine Woche.
Wesentlicher Bestandteil des methodischen Vorgehens waren außerdem der geographische Ort des Workshops, die dort benutzte Sprache und die Beteiligung von Pädagogen und Pädagoginnen aus anderen Kulturen und Nationen. Daher fanden die Veranstaltungen im Rahmen des Projektes "Interkulturelle Hochschulbildung" sowohl in Deutschland wie auch im Ausland und in der eigenen wie in fremden Sprachen statt.

3.2 Die Vorphase

Das Projekt "Interkulturelle Hochschulbildung" begann im Jahr 1991 an der Fachhochschule für Wirtschaft (FHW) Berlin. In meiner damaligen Funktion als Leiterin des Auslandsamtes der FHW organisierte ich Veranstaltungen für ausländische Studierende an der Fachhochschule sowie für deutsche Studierende, die bald ins Ausland gingen oder gerade aus dem Ausland kamen. Die ersten Veranstaltungen, zwei Workshops und ein Wochenendseminar, behandelten die Themen "AusländerIn-Sein", "Deutsch-Sein" und "Heimat versus Ausland".
Dort wurde z.B. in einer offenen Diskussionsrunde über die Frage gesprochen: "Was trägt Euch, wenn ihr im Ausland seid? Worauf könnt Ihr Euch verlassen?" Die Antwort war ein spannendes Gespräch über "survival skills", über Erfahrungen mit fremden Ländern, über das Aufeinandertreffen verschiedener Kulturen, Ausländerfeindlichkeit und Vorurteilen gegenüber sogenannten "Nationalcharakteren". Ein russischer Teilnehmer vermerkte dazu, dass "das Deutsche schon in der Grammatik sichtbar wäre". Er sprach von den "komplizierten Strukturen" der Sprache und brachte dies in Zusammenhang mit der Unklarheit der Deutschen und den Schwierigkeiten, ihre wahre Haltung und Einstellung in persönlichen Beziehungen zu entdecken.
Zu den Workshops gehörten auch die ganz pragmatischen Fragen der StudentInnen zum Studium im Ausland. Auch diese Art von Fragen muss ernst genommen werden. Praktisches Wissen gibt jene Sicherheit, die es erst erlaubt, die ei-

genen Ängste und Unsicherheiten gegenüber einem neuen und fremden Land wahrzunehmen.
Ein Wochenendseminar für neue Gaststudierende aus dem Ausland behandelte neben anderen Themen auch die deutsche Kultur. Die Studierenden zeigten an der Diskussion großes Interesse. Ihre Erfahrungen in Stichpunkten: Bratwurst, dicke Leute, Ausländer raus, unfreundlich, privat ganz nett, Gebäude sind mächtig, Deutsche Einheit, Ossis o.k. und Deutsche arbeiten hart. Besonders die NiederländerInnen fürchteten Deutschland als neue Wirtschaftsmacht und dessen neue geographische Größe. Sie hatten Angst vor einer weiteren Vergrößerung in Richtung Osteuropa und auch Österreich. Ich wunderte mich über ihre Angst und fragte, woher sie kam und was sie so sicher machte, dass Deutschland so mächtig wäre? Sie nannten die Kriegserfahrungen ihrer Eltern und Großeltern. Weiterhin kommentierten sie die enorme Wirtschaftsmacht und die harte Arbeit, die Deutsche leisten könnten. Diese Arbeitsdisziplin spiegele sich besonders im Wiederaufbau nach dem Zweiten Weltkrieg wider. Auch wollten sie wissen, ob Deutsche auf den Nationalsozialismus angesprochen werden könnten und darüber reden wollten.
Bei der Inszenierung der Versteigerung des eigenen Vaterlandes zeigten sich die meisten Länder, vertreten durch die jeweiligen StudentInnen des Landes, sehr einfallsreich in ihrer Darstellung. Irland und die Kombination Frankreich/Ungarn verkauften sich am besten. Deutschland hingegen war nicht verkäuflich, und die (deutsche) Arroganz war dabei nicht zu übertreffen.
Das Wochenende diente auch dem Aufbau einer Vertrauensbeziehung zwischen dem Auslandsamt und den GaststudentInnen, was den folgenden Beratungen zugute kam. Die Strategie der kleinen Schritte war gelungen.
Im Wintersemester 1991/92 wurde das Projekt mit einer Serie von 12 Workshops fortgesetzt und weiterentwickelt. Diese fanden im Rahmen des Erasmus-Programmes der Europäischen Union an den Partnerhochschulen der FHW Berlin in Frankreich, Großbritannien und den Niederlanden statt. Sie richteten sich an Studierende, die bald ins Ausland gingen, und konfrontierten diese mit der Bedeutung von internationaler und nationaler Identität im Austauschprogramm. Im Vordergrund standen dabei Fragen wie: Haben die Studierenden ein Ge-

wahrsein für ihre nationale Identität? Sind sie stolz darauf? Was halten sie für typische Verhaltensweisen ihrer Nation? Was halten sie von Deutschland? Wie gehen sie mit kulturell unterschiedlichen Verhaltensweisen um? In Frankreich und Großbritannien fanden die Workshops in der jeweiligen Muttersprache der StudentInnen statt, in den Niederlanden in Englisch.

An der University of the West of England in Bristol/Großbritannien führte ich die ersten zwei Workshops durch. Dabei zeigte sich, wie wenig britische Studierende wirklich über Deutschland wissen. Ihre Wahrnehmung bestand allein aus den klassischen Vorurteilen und Stereotypen des typisch Deutschen: Wurst, Bier, Bierfeste, Autos. Doch auch ihrer eigenen Nationalität waren sich die StudentInnen nur wenig und undifferenziert bewusst.

Die Frage eines westindischen Studenten war Anlass einer besonderen Diskussionssequenz: Er fragte mich, ob die Wiederholung eines "Dritten Reiches" möglich wäre. Ich verneinte diese Möglichkeit und wies auf den in Deutschland stattgefundenen Demokratisierungsprozess der letzten Jahrzehnte hin. Mein britischer, professoraler Kollege zeigte jedoch wenig Vertrauen in die deutsche Nation. Durch die Vereinigung wäre Deutschland eine neue Macht in Europa geworden, und er sähe Bestrebungen, dass diese Nation auch die führende sein wolle. Er erklärte außerdem, dass seine Ängste auf seinen Kindheitserfahrungen beruhten. Er hatte den Zweiten Weltkrieg als Kind erlebt und war von deutschen Soldaten in Grossbritannien angegriffen worden.

Darauf folgten vier weitere Workshops an der Ecole Supérieure des Sciences Commerciales d'Angers (ESSCA) in Angers/Frankreich. Was Stereotypen- und Klischeebildung betrifft, so hatten die französischen StudentInnen realistischere Bilder von Deutschland. Die meisten wussten über rechtsextreme Bewegungen in Deutschland Bescheid, wiesen aber auch auf die rechte Bewegung in ihrem eigenen Land hin. An einen neuen Krieg glaubten sie nicht. Besonders beeindruckt war eine Gruppe von Studierenden vom Erfolg der grünen Alternativbewegung. Ihrer eigenen Nationalität waren sie sich bewusst und sicher, ohne dabei arrogant zu wirken. Sie zeigten eine große Offenheit und Neugier an anderen Ländern und Kulturen. Das Zusammenwachsen der europäischen Gemeinschaft beurteilten sie optimistisch, da zurzeit eine europäische Identität entstünde. Deren Entstehung könne aber nicht bewusst organisiert werden. Man könne auch noch nicht sagen, wie die künftige europäische Identität einmal aussehen werde. In den Workshops wurde auch deutlich, wie wenig den Studierenden die persönlichen Aspekte ihrer bisherigen interkulturellen Erfahrungen bewusst waren. Ein Student fand z. B. heraus, dass seine Vorliebe für eine bestimmte Sprache nicht echtes persönliches Interesse ausgedrückt hatte, sondern lediglich eine Entscheidung für die netteste Sprachlehrerin seiner Schule war.

Wie soll man mit einem Menschen einer anderen Nation umgehen, wenn man mit ihm arbeiten oder studieren muss, ihm aber keine Sympathie schenken kann? Diese Frage behandelte einer der Workshops. Die Studierenden erklärten sich das Problem so: Meistens hätte dieser fremde Mensch Charakterzüge, die man selbst nicht an sich ertragen könne. Deswegen wäre dieser Mensch auch unsympathisch und abstoßend. Da man sich aber nicht mit den eigenen unangenehmen Gefühlen auseinandersetzen wolle, würde man auch keinen Kontakt zu dem anderen Menschen aufnehmen.

Das gleiche Programm hatten sechs Workshops, die ich 1992 an der Haarlem Business School in Haarlem/Niederlande abhielt. Die Veranstaltungen zeigten, dass die niederländischen StudentInnen sehr viel über Deutschland und über den aktuellen Rechtsextremismus wussten. Sie thematisierten auch recht schnell den in ihrem eigenen Land stattfindenden Rassismus. Ihr eigenes Land sei nicht mehr so tolerant wie früher. Zur Selbstwahrnehmung der eigenen, niederländischen Kultur gehörten Sätze wie "NiederländerInnen sind sehr tolerante Menschen" und "NiederländerInnen lieben die Geselligkeit im eigenen Heim". Von der deutschen Kultur nahmen die Studierenden vor allem wahr, dass die Deutschen sehr hart arbeiten und ihr nationales und kulturelles Selbstbewusstsein auf ihrem Wirtschaftserfolg und ihrer Wirtschaftsmacht aufbauen würde. Von den Generationen werde Deutschland unterschiedlich und widersprüchlich wahrgenommen. Einige StudentInnen sahen einen starken Einfluss der Kirche auf die "niederländische Arbeitsmoral", was eine Diskussion über den Einfluss der verschiedenen Religionen auf das moralische Verhalten der Menschen auslöste. Eine wichtige Frage war, ob Deutsche sich noch schuldig für das "Dritte Reich" fühlten. Als ich dann die "unverarbeitete Trauer" ansprach, vertraten viele StudentInnen die Ansicht, auch die Niederländerinnen oder weiße Menschen in Südafrika müssten ihre Trauer verarbeiten. Damit relativierten sie die besondere Position Deutschlands. Schließlich behandelte ein Workshop die Frage, was jenseits von Ausbildungsinteressen hinter dem Wunsch steht, ins Ausland zu gehen. Am Schluss dieser Phase des Projektes stand eine interkulturelle Frauenbegegnungsfahrt. StudentInnen der FHW Berlin besuchten im Jahr 1993 eine Woche lang die Haarlem Business School und trafen sich mit niederländischen Studierenden. Diese Reise bestätigte, wie schon die Workshops zuvor, wie wichtig die reale Erfahrung der Fremdwahrnehmung durch Angehörige anderer Kulturen für die Entwicklung von Toleranz ist. Nachdem die deutschen StudentInnen in den Niederlanden eine Woche lang mit den Vorurteilen der NiederländerInnen konfrontiert worden waren, begannen sie, ihre eigene Verantwortung für das Bild von Deutschland und den Deutschen zu entdecken.

3.3 Erprobung des Prototyps

Aufbauend auf den Erfahrungen aus 15 Workshops und der einwöchigen Exkursion entwickelte ich den Ansatz interkultureller Hochschulbildung zu einem festen Handlungsmuster fort. Diesen "Prototyp" erprobte ich dann vom Mai 1993 bis zum März 1994 auf vier Fortbildungsveranstaltungen für MultiplikatorInnen, wie z.B. MitarbeiterInnen Akademischer Auslandsämter, PädagogInnen, LehrerInnen und ErzieherInnen. Hier soll von den Ergebnissen zweier Erprobungen berichtet werden.

Auf der 45. Konferenz der NAFSA - Association of International Educators[5] - in San Francisco im Mai 1993 konnte ich mein Konzept vorstellen und mich mit internationalen Kolleginnen austauschen. Der dortige Workshop zeigte, dass auch MultiplikatorInnen Vorurteile und blinde Flecken haben und keine interkulturellen PerfektionistInnen sind. Der Workshop hatte einen stark amerikanischen Charakter, der Umgangston war freundlich, die Herangehensweise pragmatisch. Für die meisten Probleme wurden Lösungen und Rezepte gefunden, die Perspektive des "Alles ist machbar" war deutlich zu erkennen. Das "Wie" des eigenen Handelns im Lehr-Lern-Bereich wurde jedoch nicht reflektiert. Meine

---

[5] Ihre frühere Bezeichnung NAFSA (National Association of Foreign Student Affairs) hat die Vereinigung wegen deren Bekanntheit als Abkürzung beibehalten.

kritische Anmerkung über die Grenzen pädagogischer Handlungsmaßnahmen fand nur irritierte Blicke.
Trotz aller Professionalität zeigt sich hier ein ernstes Problem der MultiplikatorInnen. Interkulturelles Gewahrsein wächst mit der Zunahme eigener Erfahrungen im Ausland und der Reflexion über diese Erfahrungen. Ohne eigene Erfahrungen mit der anderen Kultur kann nur ein vorurteilbehaftetes Bild, angefüllt mit Stereotypen, entstehen. Dieses Problem haben auch MultiplikatorInnen der interkulturellen Bildung: Bei der Sammlung von Bildern von Deutschland während dieser Veranstaltung hatten nur eine deutsche und eine amerikanische Kollegin, die eine deutsche Verwandte hatte, ein aktuelles und realistisches Bild von Deutschland. Die Bilder der anderen amerikanischen KollegInnen waren offensichtlich stark von den Medien geprägt worden, also von verzerrender Erfahrung aus zweiter Hand.
Wie wichtig die eigene, konkrete Erfahrung der anderen Kultur und die Reflexion dieser Erfahrung sind, bestätigte eine andere Erprobung des Konzeptes erneut. Gemeinsam mit einer jüdisch-israelischen Kollegin veranstaltete ich auf einer Jahrestagung der Gestaltpädagogischen Vereinigung 1993 einen Workshop über den deutsch-israelischen Dialog. Das Ziel war die bewusste Wahrnehmung von Problemen des deutsch-israelischen Dialogs, der von Ehrlichkeit und partnerschaftlichem Interesse geprägt sein sollte. Behandelt wurde die Fremd- und Selbstwahrnehmung der eigenen und der fremden Projektionen national-kultureller Identität. Dort stellte sich auch heraus, woher die stereotypen Bilder anderer Kulturen stammen können. Sie werden oft von den Eltern auf die Kinder übertragen. Auch vermitteln die Bildungsinstitutionen eines Landes, wie mit der eigenen nationalen Identität umzugehen ist.

3.4 Institutionalisierung
Seit 1994 arbeite ich als Wissenschaftliche Mitarbeiterin am Fachbereich Politische Wissenschaft der FU Berlin. Dort bin ich für das Berufsfeld "Politische Erwachsenenbildung" verantwortlich. Von Anfang an habe ich Elemente interkultureller Bildung in die Lehre einbezogen. Mittlerweile konnte so die Konzeption interkultureller Hochschulbildung im Seminarangebot des Hauptstudiums verankert werden.

Von der interkulturellen Erfahrung zur transkulturellen Begegnung – und zurück

Ein erster Schritt dahin war eine Fachexkursion an die Universität Amsterdam. Diese Exkursion im Jahr 1994 demonstrierte, wie sehr – trotz aller Ideale – politischer Anspruch und interkulturelle Wirklichkeit auseinanderklaffen können. So übten die deutschen PolitikstudentInnen zwar Kritik an der eigenen Nation, wollten aber keine Eigenverantwortung für ihre Kritik übernehmen. Sie fühlten sich vom Programm moralisch überrannt, stellten aber gleichzeitig hohe moralische Ansprüche an das Verhalten des Finanzgebers, des Shell-Konzerns. Kritik an Bereichen und Personen, die nichts mit ihnen zu tun hatten, fiel ihnen leicht. Doch eine Reflexion der eigenen Erwartungen, ihrer Kontrollwünsche über den Ablauf des Programms und ihrer Abwehr, selber Verantwortung für ihr Land zu übernehmen, beantworteten sie nur mit rationalisierenden Argumenten. Offenbar waren die meisten Studierenden am dritten Tag in der fremden Umgebung von den neuen Informationen und Erfahrungen überfordert. Die Exkursion zeigte, dass die StudentInnen einen hohen Bedarf an Reflexion ihrer neuen interkulturellen Erfahrungen haben. Die TeilnehmerInnen beklagten die Programmfülle, sie hätten mehr Zeit für Begegnungen und Diskussionen gebraucht. Im Ergebnis aber verstärkte die "hautnahe" Erfahrung mit der Fremde das Interesse an interkulturellen Elementen im Studium.

Die Erfahrungen meiner Lehrveranstaltungen im Schwerpunktbereich Politische Bildung belegen, dass StudentInnen in der Regel motivierter sind, wenn sie das zu erlernende Wissen mit sich selbst und mit der Welt in Verbindung bringen können. Sie haben ein starkes Bedürfnis nach Ausformung einer politisch-kritischen Identität, die mehr als Political-Correctness-Verhalten widerspiegelt. Problematisch ist dabei immer wieder die Auseinandersetzung mit der eigenen deutschen Welt, die zu akzeptieren und zu tolerieren nicht "pc" ist. Dass die Ambivalenzen gegenüber der deutschen Identität auszuhalten und konstruktiv für interkulturelle Begegnungen lebbar sind, ist besonders schwer zu vermitteln. Die bestimmende dualistische Denkweise unseres westlichen Kultursystems prägen die Studierenden wie den Lehrkörper: entweder ist eine Deutsche generell kritisch ihrem Land gegenüber, oder sie identifiziert sich mit dem herrschenden Autoritätssystem. Andere Sichtweisen und eine kritische Reflexion des eigenen Deutsch-Seins sind selten.

Oft wird auch versucht, Bildungsziele wie Selbstverantwortung und Selbstbestimmung unter Ausblenden der eigenen Kultur zu vermitteln. Das stößt an Grenzen, wenn z. B. StudentInnen der politischen Bildung entdecken, dass die Leitung von Bildungsveranstaltungen ein hohes Maß an Selbstverantwortung fordert und mit dem Ausbilden innerer und äußerer Autorität sowie einer professionellen Identität verbunden ist. Hier liegt ein besonderes deutsches Problem: Das Ausbilden einer echten Autorität fällt sehr schwer. Niemand will in seinem Verhalten autoritär sein – ganz besonders nicht im Kontext politischer Bildung. Hierin zeigt sich die unverarbeitete Erfahrung Deutscher mit "Führer" und "Geführt werden". Hinter anti-autoritären Verhaltensweisen stehen vielfach irrationale Ängste, "führerähnlich" zu wirken. Es fehlt eine Auseinandersetzung mit der Übernahme echter Verantwortung.

Insgesamt ist festzustellen, dass deutsche StudentInnen zu wenig über sich selbst als Angehörige eines politischen Kulturraums wissen. Wie gering das Gewahrsein für die Verankerung christlicher Werte im alltäglichen Leben in Deutschland ist, zeigte sich in der Auseinandersetzung mit jüdischem Denken. Plötzlich wurden den StudentInnen Ambivalenzen ihrer persönlichen Werte bewusst. Als politische AtheistInnen glauben sie nicht mehr an Gott, aber an die aus christlichen Werten entstandenen Menschenrechte. Wie sehr die christliche Religion ihr jeweiliges Frau- und Mann-Sein prägt, erfahren sie in interkulturellen Rollenspielen. In einem Simulationsspiel ahmten die StudentInnen die Kultur einer Südseeinsel nach, die durch die Wertschätzung der Frau und die Abwertung der Männer als unrein gekennzeichnet ist. Bei der Auswertung stellten sich fast alle Beteiligten die Frage, wo ihre persönliche Grenze liegt und wie weit sie ihr westeuropäisches Frau- oder Mann-Sein in der Begegnung mit anderen Kulturen unterdrücken, assimilieren oder in friedlicher Koexistenz stehen lassen könnten.

3.5 Ein Lehrgangsmodell

Die Erfahrungen des Projektes "Interkulturelle Hochschulbildung" wurden in Anlehnung an den explorativ-qualitativen Ansatz einer teilnehmerorientierten Wirkungsforschung (Schramm 1983: 58ff.) mittels der geisteswissenschaftlichen Methode der Hermeneutik ausgewertet. Hierbei orientierte ich mich an Transfer-

und Evaluationsmodellen aus der Gruppenarbeit (Fatzer/Jansen 1980: 147ff.) und interaktionistisch-interpretativen Forschungsansätzen (Nevis 1988: 131ff.; Derup/Terhart 1979: 377ff.).
Der gestaltpädagogische Ansatz erwies sich als für die Zwecke der interkulturellen Hochschulbildung anwendbar. Er erlaubt es, die Lernenden in Kontakt mit ihren persönlichen Schwierigkeiten mit der eigenen nationalen Identität zu bringen. Der Vorteil des Ansatzes "Interkulturelle Hochschulbildung" liegt darin, dass mit ihm grundsätzlich alle Bevölkerungsgruppen angesprochen werden können, da er die Probleme der Inlandskultur gleichberechtigt neben die der Kulturen der MigrantInnen stellt. Es böte sich daher an, das Konzept auch MultiplikatorInnen der Erwachsenenbildung über Weiterbildungsseminare nahe zu bringen. Interkulturelle Hochschulbildung bliebe mit ihren Zielen auf einer heiligen Insel, wenn sie ihre Erkenntnisse nicht auch außerhalb ihrer pädagogischen Zielgruppen in andere gesellschaftliche Bereiche trägt.

Aus den Erfahrungen mit dem Projekt "Interkulturelle Hochschulbildung" ist deswegen ein Lehrgangsmodell entstanden. Es ist ein einjähriger Kurs, der sich aus zwei Programmteilen A und B zusammensetzt. Das Ziel des Kurses ist es, die Fähigkeit zur interkulturellen Kommunikation aufzubauen. Diese drückt sich im Gewahrsein der kulturellen Unterschiede des Wissens und Verhaltens und in der Fähigkeit zur Selbstreflexion interkultureller Veränderungsprozesse aus. Das Lehrgangsmodell ist ausdrücklich nicht nur für die Hochschule entwickelt worden, sondern kann auch in anderen gesellschaftlichen Bereichen, wie z.B. einer Weiterbildungsinstitution, eingesetzt werden.

Der Programmteil A ist für all diejenigen Personen, zu deren Arbeitsbereich das Verhandeln zwischen unterschiedlichen kulturellen Welten gehört. Um auch in Konfliktsituationen ein hohes Maß an Toleranz und Akzeptanz zu erreichen, empfiehlt es sich, solche Arbeitsplätze mit "GrenzländerInnen"[6] oder ZwischenweltlerInnen zu besetzen. Diese müssen lernen, dass es notwendig ist, das eigene Selbst für den Vermittlungsprozess zu gebrauchen. Auch müssen die per-

---

[6] Zu diesem Begriff bin ich von Margarete Mitscherlich inspiriert worden. Vgl. Mitscherlich, M.: Leben an der Grenze, in: Erinnerungsarbeit. Zur Psychoanalyse der Unfähigkeit zu trauern, Frankfurt/M. 1987, 151ff.

sönlichen Beobachtungs- und Artikulationsfähigkeiten ausgebildet werden, da diese beim Übersetzen zwischen den Welten eine große Rolle spielen (Nevis 1988: 127). Der erste Teil des Lehrgangsprogrammes, Teil A, besteht aus folgenden Bausteinen:

1. Analyse und Selbst-Reflexion der Wahrnehmung von Nation und Kultur und der Wahrnehmung von Menschen.
2. Erwerb von Wissen über gesellschaftliche und persönliche Diskriminierungserfahrungen und über Strategien zu deren Bewältigung.
3. Gewahrsein des eigenen Verhaltens und Selbst-Reflexion der eigenen und der deutschen Identität(sentwicklung).
4. Kommunikationsverhalten im Umgang mit Personen unterschiedlicher Kulturen.

Aufbau des Lehrgangsmodells

Phase A	Zeitformen
6 Monate in einer festen Lerngruppe	
Weltwahrnehmung und Wahrnehmung von Menschen	Zehn Wochentage oder vier Wochenenden mit Fachexkursion ins Ausland
Diskriminierung und Bewältigung	
Deutsche Identität und persönliche Identitätsentwicklung	
Kommunikationsverhalten	
Plus	

Phase B	
6 Monate in einer festen Lerngruppe	
Reflexion der eigenen Bildungsbiographie	Vier Wochenstunden mit Projektorientierung und interkultureller Supervision
Gestaltung von pädagogischen Interaktionen	

Im Hintergrund steht hierbei immer die Frage nach der eigenen Person und der eigenen Akzeptanz und Toleranz. Da dialogische Fähigkeiten besonders in einer vertrauten Gruppe wachsen können, verläuft der Lehrgang in einer festen Lerngruppe. Der Kurs kann entweder an zehn Wochentagen oder an vier Wochenenden abgehalten werden. Eine Fachexkursion ins Ausland ist obligatorisch. Der anschließende Programmteil B ist für Personen gedacht, die die im ersten Teil erworbenen Fähigkeiten zur interkulturellen Kommunikation selber weitervermitteln wollen. Ein wichtiger Baustein dieses Teils des Kurses ist die Analyse und Reflexion der eigenen Erziehungs- und Bildungserfahrungen. Es soll die didaktisch-methodische Fähigkeit erworben werden, die Kompetenz zur interkulturellen Kommunikation für weitere Bildungsmaßnahmen zu nutzen. Der zweite Teil des Lehrgangs findet an vier Wochenenden statt, verläuft projektorientiert und schließt interkulturelle Supervision ein.

Unabdingbar für die Durchführung des Lehrgangs ist Offenheit für den Transformationsprozess, den die TeilnehmerInnen durchlaufen. Wünschenswert ist die geographische Nähe zu einer anderen Kultur, da die damit verbundene Chance zu direkten interkulturellen Kontakten den TeilnehmerInnen realitätsnahe Erfahrungen ermöglicht. Der Einsatz eines multikulturellen Teams von DozentInnen ist zwingend. Das Ziel bleibt jedoch – mit Blick auf die transnationalen Migrationsprozesse – die Aufhebung von Entfremdungen in der deutschen Gesellschaft, um so die Toleranz und Akzeptanz deutscher TeilnehmerInnen zu fördern.

4. Fazit

Es reicht nicht aus, Toleranz und Akzeptanz nur zu wollen, Toleranz und Akzeptanz müssen anhand von realen Erfahrungen gelernt werden. Dies ist die zentrale Erkenntnis des Projektes. Eigene Erfahrungen mit fremden Kulturen sind für diesen Lernprozess unumgänglich. Ob akzeptierendes und tolerierendes Handeln gelernt und ausgeübt wird, hängt von den Sicherheitsbedürfnissen des handelnden Subjekts ab. In der deutschen Aufnahmegesellschaft fehlt diese Sicherheit. Deutsche Studierende zeigen diese Unsicherheit in unklaren und schwierigen Beziehungen mit Ausländern. Im Ausland kann das Verhalten deutscher StudentInnen nicht richtig eingeschätzt werden, weil sie kein klares Bild von sich und ihren Bedürfnissen vermitteln.

Das Fremde in anderen Menschen wird erst dann erkannt und toleriert, wenn das eigene Selbst anerkannt wird und das Selbst sich nimmt, wie es ist. Das Erkennen der eigenen Bedürfnisse kann durch akzeptierendes und tolerantes Verhalten von PädagogInnen unterstützt werden, Selbsterkenntnis geschieht jedoch immer nur im Austausch mit anderen Menschen. Die Entwicklung von Toleranz und Akzeptanz wird dabei entscheidend von den bisher gemachten bewussten und unbewussten interkulturellen Erfahrungen beeinflusst.

Der schwierigste Teil des Erlernens von Toleranz ist der Prozess der Selbsterkenntnis und die Anerkennung der eigenen Unsicherheiten. Die Erkenntnisse können schmerzlich sein. Deswegen braucht jeder Mensch für diesen Prozess einen emotionalen Schutzraum, der z. B. in einer festen Lerngruppe bestehen kann. Außerdem sind Autoritäten, die die Entwicklung von Eigenwert, Selbstakzeptanz und Toleranz gegenüber den eigenen Gefühlen, wie z. B. Scham, unterstützen.

Erst direkte Kontakte schaffen ein realistisches Bild anderer Kulturen. Das medial vermittelte Bild fremder Länder ist Erfahrung aus zweiter Hand, mit der kritisch umgegangen werden muss. Das Bild, das sich Menschen von anderen Ländern machen, entsteht nicht im luftleeren Raum. Erziehung und Bildung können deswegen auf die Bilder in den Köpfen Einfluss nehmen und sie im Dialog auf Vorurteile und Stereotypen hin überprüfen.

Solange jedoch eine persönliche Beziehung zu Deutschland von aufklärerischen Kräften tabuisiert und diffamiert wird und von konservativen Kräften nationalstaatlich ausgenutzt wird, kann eine akzeptierende und tolerante Haltung gegenüber anderen Ländern nicht wachsen. Kommt aber das starre Deutschlandbild im Selbst eines Menschen in Bewegung, werden die demokratischen Kräfte sichtbar. Die Akzeptanz der eigenen Nation lässt die Einsicht entstehen, dass die Welt nicht in ihrem Schicksal feststeht, sondern durch Handeln veränderbar ist. Die Verbreitung dieser Lernerfahrung könnte auch dazu beitragen, die oft beklagte Politikverdrossenheit zu überwinden.

Toleranz und Akzeptanz sind auch ein Ergebnis gelungener Sozialisation. Es sind somit angesichts der Einwanderung alle öffentlichen und privaten Sozialisationsinstanzen der deutschen Aufnahmegesellschaft gefordert ihren Beitrag zu leisten. Zwar kann interkulturelle Hochschulbildung keine politischen und ökonomischen Fehlentwicklungen ausgleichen. Es ist der Hochschule jedoch möglich, – in ihren Grenzen – gesellschaftliche Verantwortung zu zeigen.

Das Projekt zeigt, wie wichtig die Entwicklung der eigenen Identität die bewusste Wahrnehmung der eigenen Nation und Kultur sowie Akzeptanz und Toleranz sich selbst gegenüber für die Ausbildung von Toleranz gegenüber Fremden sind. Erst die Ausbildung eines angemessenen Selbstwertgefühls und des Bewusstseins der eigenen Zugehörigkeit zu einer nationalen Kultur lässt Toleranz gegenüber fremden Kulturen entstehen. Die Erfahrungen des Projektes "Interkulturelle Hochschulbildung" belegen auch, dass Toleranz im Umgang verschiedener Kulturen durch Bildungsmaßnahmen an der Hochschule erlernt werden kann.

Literatur

Burow, Olaf-Axel (1988): Grundlagen der Gestaltpädagogik. Dortmund: verlag modernes lernen.

Drerup, Heiner/Ewald Terhart (1979): Wissensproduktion und Wissensanwendung im Bereich der Erziehungswissenschaft. Zeitschrift für Pädagogik 25, 377-394.

Elias, Norbert (1989): Studien über die Deutschen. Frankfurt/Main: Suhrkamp Taschenbuch Wissenschaft.

Eppler, Erhard (1981): Wege aus der Gefahr. Hamburg: Rowohlt.

Fatzer, Gerhard/Hans-Hermann Jansen (1980): Die Gruppe als Methode. Weinheim, Basel: Beltz.

Fetscher, Iring (1990): Toleranz. Von der Unentbehrlichkeit einer kleinen Tugend für die Demokratie. Stuttgart: Radius-Verlag.

Mitscherlich, Margarete (1987): Erinnerungsarbeit. Zur Psychoanalyse der Unfähigkeit zu trauern. Frankfurt/Main: S. Fischer.

Nevis, Edwin C. (1988): Organisationsberatung. Ein gestalttherapeutischer Ansatz. Köln: Edition Humanistische Psychologie.

Polster, Erving/Polster Mirim (1993): Gestalttherapie. Theorie und Praxis der integrativen Gestalttherapie. Frankfurt/Main: Fischer Taschenbuch Verlag.

Richter, Horst-Eberhard (1993): Selbstkritik und Versöhnungsfähigkeit. Psyche 4, 397-405.

Schmitz, Enno (1989): Erwachsenenbildung als lebensweltbezogener Erkenntnisprozeß. In: Hoerning, E. M./H. Tietgens (Hrsg.): Erwachsenenbildung: Interaktion mit der Wirklichkeit. Bad Heilbrunn: Klinkhardt, 48-75.

Schmitz et al. (1985): Zur Logik der Beratung. Untersuchungen zu einer Interaktionsform zwischen Sozialwissenschaft und Alltagspraxis. Arbeitspapier des DFG-Projektes "Zur Verwendung von sozialwissenschaftlichem Wissen in Beratungszusammenhängen". Berlin: FU Berlin (vervielf.).

Schramm, Henning (1983): Bildungsarbeit mit Ausländern in der BRD. Erwachsenenbildungsansatz und Evaluationskonzept. Frankfurt/Main: IKO-Verlag für Interkulturelle

Kommunikation.

von Krockow, Christian (1991): Über die Deutschen und ihre Suche nach Identität. Tagesspiegel, 15.10.1991

Zwischen dem Eigenen und dem Fremden – Annäherungsversuche an das Eigene[1]

Angesichts der allgemeinen Fremdenfeindlichkeit in Deutschland sind aktuelle Themen die Begegnung mit dem Fremden bzw. mit den Fremden und multikulturelles Lernen im Erziehungs- und Bildungsbereich. Meist sind Ziel und Inhalt dieser Arbeit der Abbau von Vorurteilen und die Entwicklung von Empathie für die anderen.

Michel Leiris' Aussagen zur eigenen und fremden Kultur können einen neuen Blick auf diese Themenstellung bringen. Er, der sich nach jedem seiner ethnologischen Forschungsaufenthalte 'auf die Couch' legte, sagte, dass er in der Fremde letztendlich sich selbst, das Eigene entdeckte: "Im Jahr 1933 kehrte ich zurück und hatte wenigstens eine Legende zerstört: jene vom Reisen als Möglichkeit, sich selbst zu entfliehen ...".[2]

Im Folgenden will ich überzeugend argumentieren, wie wichtig das Eigene in der Begegnung mit dem Fremden ist. Die Fokussierung auf das Eigene bedeutet nicht, auf das moderne Phänomen der überzogenen Selbstverwirklichung einzugehen. Vielmehr geht es darum, eine gesunde Balance zwischen dem Eigenen und Fremden zu finden, und die mögliche Angst vor zu viel Narzissmus in eine Form zu bringen, die zeigt, wie wichtig es ist, ein Gefühl für das Eigene zu haben und eigene Entscheidungen in dem Zwischenraum zum Fremden treffen zu können.

Ich beziehe mich dabei auf die Aussagen von Julia Kristeva, einer französischen Psychoanalytikerin, die in den 80iger Jahren die These aufgestellt hat, dass in der Begegnung mit dem Fremden, nicht die anderen uns fremd sind, sondern wir uns selbst[3].

---

[1] Zwischen dem Eigenen und dem Fremden, in: Gestaltpädagogik, 6, 1995, 54-56. © 1994-2013 EHP - Verlag Andreas Kohlhage. Abdruck mit freundlicher Genehmigung durch den Verlag. All Rights reserved. This includes reproduction and transmissions in any form or by any means without permission in writing from the publisher.

[2] Leiris, M.: Mannesalter, Frankfurt/M. 1963, 202. Zit. n.: Heinrichs, H.-J.: Einleitung, in: Leiris, M.: Die eigene und die fremde Kultur, Frankfurt/M. 1985, 7ff.

[3] Kristeva, J.: Fremde sind wir uns selbst, Frankfurt/M. 1990.

Kristeva bezieht sich auf Sigmund Freud, von dem sie sagt, dass er nie eine Theorie über das Fremde aufgestellt hat. Dafür spricht er über die Dynamik von HEIMLICH und UNHEIMLICH als Worte gegensätzlicher Bedeutungen. Paradox an diesem Wortpaar ist, dass im Wort HEIMLICH beide Bedeutungen enthalten sind: HEIMLICH bedeutet in positiver Deutung VERTRAUT und auch VERBORGEN, GEHEIM, UNDURCHDRINGLICH. Das letztere Wort hat aber auch die gleiche Sinnrichtung von UNHEIMLICH. Konsequenterweise kann UNHEIMLICH sich auch auf VERTRAUT beziehen. Mit anderen Worten etwas UNHEIMLICHES ist etwas schon vorher VERTRAUTES. Wenn wir uns eine unheimliche Situation vorstellen, dann ist es in der Tat so, dass etwas hervorgetreten ist, was wir kennen, aber lieber im VERBORGENEN bleiben soll. Es ist etwas VERTRAUTES, was im Geheimnis, HEIMLICH bleiben soll. Das bedeutet, dass dieses UNHEIMLICHE, das Fremde, uns vertraut ist, wir kennen es. Dieses Fremde geht auf etwas Bekanntes, uns Eigenes, zurück. Es hat etwas Eigenes von uns selbst, was wir selbst verdrängt und vergessen haben. Es ist in uns VERBORGEN.

So reagieren wir in Situationen, in denen etwas Fremdes auftaucht mit unheimlichen Gefühlen, wie z. B. Angst. Da sie uns unheimlich sein kann, lassen wir sie lieber im Verborgenen. Je unheimlicher und unangenehmer sie uns ist, desto weniger wollen wir mit ihr zu tun haben. Ein Teufelskreis beginnt: Fremdes wird mit unheimlichen Gefühlen verbunden. Daran/Dafür sind das Fremde bzw. die Fremden schuld/verantwortlich. Jedoch vergessen wir, dass wir dabei unser Eigenes, unsere eigenen Gefühle zwischen dem Eigenen und Fremden verdrängen, und dieses Verhalten uns gleichzeitig uns selbst fremd macht: wir entfremden uns dabei von uns selbst. Wir werden uns selbst fremd.

Sobald das Fremde und die damit verbundenen Gefühle auftauchen, können wir es nicht als unser Eigenes erkennen und übertragen es auf die anderen/fremden Menschen. Wir werden ungerecht und handeln nicht wahrheitsgerecht. Wir werden den anderen, aber auch uns nicht gerecht. Leider hat diese Art von Handeln Konsequenzen: je mehr wir verdrängen und vergessen, desto mehr entziehen wir uns der aktuellen Situation, der Wirklichkeit. Infolgedessen erscheinen uns Situationen bedrohlicher als sie sind. Extreme Gefahren liegen besonders in der permanenten Unterdrückung von den schon entfachten, dazwischen liegenden

Gefühlen. Sie binden eine Kraft, die ausgelebt werden muss, und unter Umständen zum Mord am anderen, an den Fremden führen kann. In Erziehungs- und Bildungsprozessen gilt es, diesen verborgenen Kräften und Phantasien begegnen zu können. Dabei brauchen wir real die anderen, um realistisch zu bleiben, um realistisch mit uns und mit anderen Menschen zu sein. Im anderen können wir uns selbst entdecken, und umgekehrt, die anderen können sich in uns finden. Denen, den Fremden, den anderen auf der Straße, im Ausland, MigrantInnen, Ossis, Wessis, Männern, Frauen, Alten, Jungen, Weißen, Farbigen etc. geht es genauso wie uns, und sie machen das gleiche mit uns als Fremde. Deswegen brauchen wir uns gegenseitig – zur eigenen Identifizierung, zur eigenen Identitätsfindung, zur eigenen Selbstfindung und zum gegenseitigen Selbst-Erkennen. Dabei können wir selbst entscheiden und verantworten, wie wir auf das Fremde, auf die anderen reagieren wollen. Mittlerweile hängt unser Verhalten davon ab, wie vertraut wir mit unseren unheimlichen und verborgenen Kräften sind. Für diesen komplizierten Prozess brauchen wir Geduld, Behutsamkeit und Zeit, damit wir uns an uns und somit an das Fremde gewöhnen. Dabei haben wir die Chance für Veränderung, für unsere Selbst-Entwicklung: wir brauchen das Bedrohliche nicht ZWISCHEN uns festhalten und im jeweiligen Status-Quo festigen. Wir können beginnen, das Fremde bzw. das Eigene zu untersuchen. Wir können uns selbst auf die Spur kommen und unsere eigene Entfremdung aufgeben. Respektiere ich mein eigenes Fremdes, so zeige ich diesen Respekt auch Fremden gegenüber. Wenn wir alle dabei unsere menschlichen Schwächen zeigen würden, so Kristeva, könnten wir uns in den dabei entstehenden Schwierigkeiten gegenseitig unterstützen.[4]

---

[4] Diesem Vortragsteil folgten die Analyse von interkulturellen Bildungsarbeitserfahrungen und theoretische Ausführungen zum interkulturellen Dialog als Anregungen für die Erziehungs- und Bildungspraxis.

Geschlechtsspezifische Aspekte interkultureller Bildung in Theorie und Praxis
Erfahrungsbericht einer Bildungsreise in die Niederlande[1]

Der folgende Beitrag zeigt, wie wichtig eine geschlechtsspezifische Betrachtungsweise für die Theorie und Praxis interkultureller Bildung sein kann. Am Beispiel einer Frauenfahrt in die Niederlande werden geschlechtsspezifische Erfahrungen dargestellt, die die interkulturelle Bildung bislang vernachlässigt hat. Männerspezifische Aspekte in den Erkenntnissen von Gamm und Richter regen die Notwendigkeit von antisexistischer Jungen- und Männerbildung im interkulturellen Bezug an.

Im Diskurs über Theorie und Praxis der interkulturellen Bildung ist der androzentrische Zugang nicht zu übersehen. Werden Menschen in ihren ethnischen Identitäten und kulturellen Hintergründe etc. differenziert, so ist eine geschlechtsspezifische Betrachtung recht selten. Dieses Phänomen hängt mit den weltweiten patriarchalen Strukturen und der damit verbundenen Geringschätzung weiblicher Erfahrungen in der Öffentlichkeit zusammen. Ausnahmen, wie der anti-rassistische Diskurs im feministischen Bereich unserer Gesellschaft, bestätigen die Regel: Die geringe Integration dieser Erkenntnisse im Mainstream der interkulturellen Bildung zeigen den marginalen Standort von Frauen in der öffentlichen Welt.

Jedoch die Klage und Kritik darüber bringen die Frauen dieser Welt und mich als Wissenschaftlerin und Pädagogin nicht weiter, besonders dann, wenn sie niemand hört und hören will. Schließlich müssen Frauen bzw. wir die Verantwortung für die moderne Gesellschaft auch mitübernehmen: Wenn Frauen diesen neuen Vertrag von "...selbstbestimmter Lebensgestaltung von Frauen in Beruf, Politik, Beziehungen und Sexualität, Gleichwertigkeit der verschiedenen Lebensformen von Frauen und die Aufhebung der geschlechtshierarchischen

---

[1] Geschlechtsspezifische Aspekte interkultureller Bildung in Theorie und Praxis. Erfahrungsbericht einer Bildungsreise in die Niederlande, in: DIE BRÜCKE, 82, 1995, 47-50. Wiederabdruck mit freundlicher Genehmigung.

Arbeitsteilung wollen...", dann tragen sie auch Verantwortung (Prengel 92, 148). Neuere Untersuchungen bezüglich öffentlicher Verantwortungsübernahme bzw. -ablehnung beweisen geschlechtsspezifische Reaktionen. Rommelpacher bestätigt in ihren Überlegungen zu geschlechtsspezifischen Verhaltensweisen gegenüber dem "Fremden" bei Frauen ein "weiblich-fürsorgliches Abwehrmuster" und bei Männern eine "männlich-rationalisierende Abwehr" (Rommelpacher 94, 47). Sie sagt außerdem, dass durch die gesellschaftliche Asymmetrie der Geschlechter der Erziehung in der Familie Jungen einen instrumentalen Bezug auf die Welt im Denken und Handeln haben, Fürsorge verweigern und Einfühlung und Wechselseitigkeit in sozialen Beziehungen nicht suchen. Frauen suchen ihren Halt gegenüber dem "Fremden" durch Rückzug in die Familie bzw. ins Privatleben oder auch durch emotionales Verstehen für Abwehr- und Aggressionsverhalten von Seiten der verantwortlichen MittäterInnen. Diese Empathie wird allerdings selten in der Öffentlichkeit diskutiert oder aktiv eingesetzt. Thürmer-Rohr kritisiert dieses Verhalten von Frauen. Nach ihrer Meinung fehlt es Frauen an Fähigkeit und Willigkeit, jenseits von Privatleben in Familie und Subkultur, andere Räume und Menschen mit Liebe und Qualität zu füllen (s. Thürmer-Rohr nach Pinl 93, 51).

Der folgende Bericht aus der Praxis dokumentiert, was passieren kann, wenn Frauen ihre politische Verantwortung für die multikulturelle Gemeinschaft übernehmen wollen: Im Rahmen meiner Bildungsarbeit an einer Hochschule in Berlin war ich Initiatorin und Leiterin einer ersten Frauenbegegnungsfahrt in die Niederlande. Das Thema der Fahrt lautete "Frauen und Europa in den 90iger Jahren". Ziel war wirtschaftliche, sozialpolitische und kulturelle Prozesse in Deutschland und in den Niederlanden aus frauenparteilicher Sicht kritisch zu analysieren. Frauen aller Status-Quo-Gruppen (Studentinnen, Professorinnen, Lehrbeauftragte und alle Angestellten und Beamtinnen aus dem Verwaltungsbereich) konnten und durften teilnehmen. Denn das Programm hatte eine Anerkennung als Bildungsurlaubsseminar von der Senatsverwaltung Berlin.

1. Akt: Vorbereitungen in Deutschland

Bevor die Fahrt stattfinden konnte, erlebten meine Kolleginnen und ich einen ersten "Marketing-Flop": Wir hatten die Fahrt schon frühzeitig geplant und dafür

Werbeplakate und Handzettel verteilt. Das Resultat waren fünf Anmeldungen. Wir mussten uns fragen, ob eine Fahrt mit dem genannten Thema auch wirklich Frauen anspricht. Informelle Gespräche der studentischen Mitarbeiterin mit anderen Studentinnen und der Frauenbeauftragten mit Verwaltungsfrauen ergaben, dass die meisten Frauen Interesse sowohl an der Fahrt als auch am Thema hatten. Allein die größte Hürde für die Entscheidung zur Teilnahme bestand darin, gegenüber Männern und anderen Frauen zu begründen, warum sie an einer "reinen" Frauenveranstaltung teilnehmen würden, und was sie gegen Männer hätten. Das Stigma der "Emanze" wollte keine Frau haben. So schickte ich eine studentische Mitarbeiterin direkt in die Lehrveranstaltungen, um in Gesprächen Vorurteile direkt anzusprechen und Bedenken zu klären. Der Erfolg war verblüffend: Schnell kamen 15 Teilnehmerinnen zusammen, und es meldeten sich weitere fünf Frauen an – zu meinem Bedauern keine weitere Frau aus der Verwaltung. Ich stellte einen Antrag für eine Zusatzfinanzierung im zuständigen Gremium, und trotz turbulenter Diskussionen ("Wir sind doch keine Frauenanstalt!" – O-Ton eines Professors) wurde die Finanzierungssumme erweitert.

2. Akt: In den Niederlanden

Die meisten "niederländischen" und "deutschen"[2] Frauen nahmen zum ersten Mal an einer Frauenfahrt teil: dass ein Gruppenleben unter Frauen nicht durch "Klatsch und Tratsch" geprägt war, empfanden die Frauen neu. Ebenso staunten die Teilnehmerinnen, wie viel Spaß ein Zusammenarbeiten mit Frauen machen konnte. Das Wohnen in einem kleinen Hotel, das die Gruppe ganz für sich allein

---

[2] Ich setze die nationale Bezeichnung in Anführungsstriche, weil nicht alle Frauen, die als Niederländerinnen/Deutsche identifiziert werden, in den Niederlanden/Deutschland geboren oder aufgewachsen waren noch die niederländische/deutsche Staatsangehörigkeit bzw. "Paßidentität" hatten oder sich selbst als "echte" Niederländerinnen/Deutsche betrachteten. Hier zeigt sich, wie schwierig die jeweiligen Begrifflichkeiten sind: nationale oder länderspezifische Zuschreibungen führen zu Undifferenzierungen, die die brüchige und ambivalente Realität von national-kultureller Identität verwässern. Dennoch spielen diese Bezeichnungen für den zu schildernden Fall eine wichtige Rolle. Denn einmal werden/wurden die Frauen als aus diesem und jenen Land stammende Person wahrgenommen und entsprechend in Vorurteilsstrukturen einkategorisiert. Außerdem spielt in der Tat die nationale Geschichte eine bestimmende Richtung im Erleben von Öffentlichkeit und nationalem Zugehörigkeitsgefühl.

hatte, unterstützte die Entwicklung einer vertrauten und verbindlichen Atmosphäre.
Viele Gespräche am künstlichen Kamin der Hotelbar bildeten den Abschluss eines jeden Seminartages. Bei diesen informellen Unterhaltungen erhielt ich Lob, Kritik und erlebte das "Stimmungsbarometer" unter den Frauen. Ich fand erneut heraus, wie entscheidend ich als Leiterin die Atmosphäre prägte. Durch meine offensive Integration aller Frauen in die Gruppe (es nahmen eine Türkin, eine Russin, zwei Ossis und 16 Wessis und insgesamt 25 "weiße" Niederländerinnen teil; die deutsche Gruppe hatte folgende Altersstruktur: 22 Jahre/1, 23/1, 25/1, 26/1, 28/4, 30/2, 32/1, 41/2, 46/1, 55/1) erlebte ich Offenheit für meine Gruppenleitung und Interesse an meiner Person. Die Leiterin der niederländischen Gruppe strahlte dagegen moralischen Druck auf die aus Deutschland kommenden Frauen aus, und diese entwickelten auch dann ein schlechtes Gewissen, weil ihre Englischkenntnisse geringer als von ihnen erwartet waren.

Da die meisten Niederländerinnen deutsch sprechen konnten, hatte sich Deutsch als Tagungssprache durchgesetzt. Dies fand keine Zustimmung der niederländischen Leiterin, und sie entsagte sich jedem Kompromiss, obwohl sie Deutsch sprechen und verstehen konnte. Eine gewisse Antipathie gegenüber Deutschen war unverkennbar. Die deutschen Studentinnen fanden diese moralische Verurteilung ungerecht, denn die übrigen niederländischen Frauen stimmten gern dem Dialog in deutscher Sprache bei. Jedoch wurde das "deutsche Gewissen" der Teilnehmerinnen noch stärker auf die Probe gestellt, als wir das jüdische Museum besuchten und dort mit einem Mitarbeiter der Anne Frank Stiftung den Nationalsozialismus am Beispiel der Lebensgeschichte von Anne Frank thematisierten: Weinen und Schweigen waren die Antworten. Besonders die Studentinnen fühlten sich durch das Schweigen und "Lächeln" der niederländischen Leiterin zu starken Schuldgefühlen provoziert. Ich konnte das Schweigen durch Umlenken in Kleingruppengespräche brechen. Das anschließende Plenum behandelte dann die aktuelle Verantwortung von Deutschen für die Fremdenfeindlichkeit und die Herausforderung, sich der deutschen Vergangenheit zu stellen.

Jedoch hatte ich inzwischen die Rolle der "guten Mutter" und meine niederländische Kollegin die der "bösen Mutter" von den Teilnehmerinnen zugesprochen bekommen. Diese Art der Aufteilung gefährdete die interkulturelle Begegnung: der Autoritätskonflikt der deutschen Teilnehmerinnen mit der niederländischen Kollegin ließ eine unangenehme Spannung entstehen und das in Gesprächen gewonnene Vertrauen und die Neugier an der anderen Kultur ließ nach. Offene Diskussionen wurden fast unmöglich. Mein Gespräch unter vier Augen mit meiner niederländischen Kollegin über die aufgestauten Gefühle entspannte ein wenig die Seminaratmosphäre. Bei der Unterhaltung stellte sich heraus, dass meine Kollegin hohe moralische Anforderungen an mich und an die aus Deutschland kommenden Frauen hatte. Ich erfuhr außerdem ihre unverarbeitete Trauer über ihren im zweiten Weltkrieg von Deutschen getöteten Vater. Sie wollte durch den Austausch ihre eigenen Vorurteile gegenüber Deutschen abbauen und kam dabei auch ihrer Ablehnung gegenüber diesem Land nahe. Diese Ambivalenz strahlte sie der Gruppe gegenüber aus, die sie während unseres Besuchs auch nicht mehr ablegen bzw. uns gegenüber differenzieren konnte. Ich sah meine Aufgabe darin, diesen Konflikt, der u.a. auch ein Autoritätsproblem war, nicht zum zerstörerischen Faktor im deutsch-niederländischen Kontaktprozess werden zu lassen und weder mit der einen noch der anderen Seite ausschließlich moralisch verbunden zu sein. Ich verstand beide Seiten bezüglich ihrer Verletzungen. Dieses Verhalten verhinderte die zunehmende Ablehnung gegenüber der niederländischen Leiterin als "böse Mutter" und relativierte das auf mich bezogene Bild der "guten Mutter". Die dadurch entstandene Beziehungsdistanz zwischen den Frauen und meiner Kollegin blieb dennoch in der verbleibenden Zeit bestehen und war immer wieder das bestimmende Thema und Ergebnis der interkulturellen Begegnung unter den Studentinnen – sogar Wochen und Monate nach der Reise ...

Intermezzo: Reflexionen über Konflikte unter Frauen verschiedener Länder

Was war auf der Begegnungsfahrt geschehen? Was passiert, wenn Frauen mit ihren Gefühlen in die Welt gehen und diese mit Frauen aus anderen Kulturen/Ländern teilen? Welche Schwierigkeiten tauchen auf? Die feministisch-philosophische Forderung antwortet mit folgendem Erkenntnisweg: Er sagt, dass

Frauen auch unabhängig und autonom ihre Gefühle zeigen sollen und gleichzeitig einfühlend sein können.

"Zum Mensch-Sein gehört beides – die Fähigkeit für sich zu sein, Grenzen zu setzen, sich zu behaupten und die Fähigkeit, Bindungen herzustellen, sich in andere einzufühlen, die Bedürfnisse anderer zu befriedigen" (Rommelspacher nach Pinl 93, 53f.).

Diese ideale Betrachtungsweise hilft jedoch nicht allein, den geschilderten Konflikt zu klären. Sicherlich hat meine Kollegin bewiesen, dass sie nicht nur Bindungen mit den deutschen Frauen herstellen wollte. Sie hat auch ihre ambivalenten Gefühle ihnen gegenüber gezeigt. Dies leitete einen wichtigen Lernprozess für einige Teilnehmerinnen und für mich ein, inwiefern die unverarbeitete Trauer und die deutsche Verantwortung für den zweiten Weltkrieg unbewusst interkulturelle Dialoge beeinflusst und misslingen lässt. Dieses Bewusstsein für den Einfluss vergangener Beziehungen unter den Ländern wird in der interkulturellen Bildung noch viel zu wenig reflektiert. Hier führen Ergebnisse aus der Psychoanalyse und Ethnopsychoanalyse weiter.[3] Doch für die pädagogische Praxis bedarf es meiner Meinung nach einer weiteren und konkreteren Reflexion, wenn wir nicht bei der Erkenntnis stehen bleiben wollen, dass die Umsetzung von Idealen immer auf Schwierigkeiten stößt. Hier gilt es außerdem die Beziehungsschwierigkeiten unter Frauen zu diskutieren und nach Konfliktlösungen zu suchen, wenn Frauen nicht auch den männlich-rationalen und den durch kulturelle Lösungsrituale wie Flucht, über Vernichtung und Kampf, Unterordnung und Delegation geordneten Weg im multikulturellen Miteinander gehen wollen[4]. Ich möchte hier zur Problematisierung eine Anregung aus den Forschungen über Beziehungsprobleme von Frauen unter Frauen geben. In dem von mir geschilderten Fall aus der Praxis war die Beziehung zwischen der "niederländischen" Leiterin und den "deutschen" Teilnehmerinnen misslungen. Das Kennzeichen dieses Scheitern war die explizite Distanz, die sich u. a. in Sprachlosigkeit und

---

[3] Vgl.: Erdheim, M.: Die gesellschaftliche Produktion von Unbewußtheit. Eine Einführung in den ethnopsychoanalytischen Prozeß, Frankfurt/M. 1984 und Mitscherlich, M.: Erinnerungsarbeit. Zur Psychoanalyse der Unfähigkeit zu trauern, Frankfurt/M. 1987.

[4] S. Schwarz, G.: Die "heilige Ordnung" der Männer. Patriarchalische Hierarchie und Gruppendynamik, Opladen 1987 (eine 3. Auflage ist geplant; in dieser soll der Punkt Mann-Frau-Beziehung noch deutlicher diskutiert werden).

Kontaktvermeidung und den damit vergeblichen Möglichkeiten, im wachsenden Vertrauen, von den anderen Frauen bzw. von der anderen Kultur zu lernen, zeigte. Die Analyse des Scheiterns soll dazu führen, aus Fehlern zu lernen und bei weiteren Frauenfahrten offensiver auf Probleme eingehen zu können (vgl. Streit 95):

1. Weibliches Verhalten ist geprägt von kultureller Selbstaufopferung und Selbstaufgabe. Das heißt konkret, dass Frauen ihre Gefühle mehr für ihr Gegenüber arbeiten lassen und ihre eigenen vernachlässigen. Dies zeigt sich im Mangel an klaren Grenzen zwischen Frauen. Das eigene Potential am Konflikt ist dann selten erkennbar.
2. Die unklaren Grenzen lassen offene Konflikte kaum zu, da sie nur indirekt gesehen werden können. Die dazu führenden Spannungen werden meist mit Nettigkeiten überspielt bzw. unterdrückt und führen dennoch zu Formen von "Verweigerung, in Hemmung, im Auflaufenlassen, in direkter Heimzahlung" (Streit 95, 4).
3. Die Abwertung von Frauen führt oft zu Idealisierungen und Glorifizierung von Frauen anderer Länder. In diesem Fall war das Land der Niederlande mit dem positiven Vorurteil schon in Deutschland bewertet worden. Die Niederlande gelten als sehr emanzipiertes und offenes Land. In "deutschen" feministischen Kreisen gilt weiterhin das "Meulenbelt-Ideal"[5]. Diese Idealisierungen führen fast zwangsläufig zu Enttäuschungen, weil die "imaginierten" Frauen ganz anders sind als gewünscht.
4. Erfahrungen mit Fürsorglichkeit, Macht und Abhängigkeit unter Frauen wecken auch die "ersten" Erfahrungen mit weiblicher Beziehungswirklichkeit. Elterliche bzw. mütterliche Über- und Gegenübertragungen können die echten Bedürfnisse nach Kennenlernen und Nähe mitbeeinflussen.
5. Frauen haben kaum kulturell von ihnen selbst geschaffene Formen des öffentlichen Umgangs. Meist wird von ihnen die Anpassung bzw. Assimilation an patriarchale Umgangsnormen erwartet. Hier fehlt es an Erfahrungsräumen für das Finden eigener Rituale.

---

[5] Anja Meulenbelt ist eine über die niederländischen Grenzen hinaus bekannte Feministin, und zwar seit Beginn der europäischen Frauenbewegung in den 70iger Jahren.

Letzter Akt bzw. was nehmen Frauen und Männer aus diesem "Theater" mit nach Hause?
Meine Verstrickung in dem Prozess des verlorenen Vertrauens und der jeweiligen Verletzung zu erkennen und nicht ganz Teil ihrer zu werden, war für mich eine große Herausforderung. Die genannte Problematik im interkulturellen Dialog hat meine bisherigen Wahrnehmungen unterstützt: die multikulturelle Gesellschaft holt "vergangene" interkulturelle Elemente der eigenen Lebensgeschichte in den Vordergrund und fordert ein neues Gewahrsein für Gegenwart und Zukunft. Auch in den Beziehungen zwischen Deutschland und den Niederlanden "gespenstern" Bilder, die durch echte Erfahrungen hervorgebracht aber noch nicht "realistisch" geklärt werden. Für Menschen, die in Deutschland aufwachsen und leben, heißt dies, sich mit dem Nationalsozialismus in der eigenen Lebensgeschichte als Frau bzw. als Mann und die der Eltern und Großeltern auseinanderzusetzen. Es geht in der interkulturellen Bildung nicht nur darum, andere Länder und andere Menschen kennenzulernen und Empathie zu entwickeln, sondern auch eine Auseinandersetzung mit der eigenen Identität in Abgrenzung mit den Autoritäten (Eltern, Institutionen, Dominanzkultur etc.) und deren Verwicklungen mit dem "Fremden" zu suchen. Diese schließt eine geschlechtsspezifische Betrachtung ein. Denn die Identifikation mit den elterlichen bzw. institutionellen Geschichten ist auch eine mütterliche/weibliche bzw. väterliche/männliche Akzeptanz bzw. Ablehnung von Werten unserer patriarchalen Gesellschaft. Dass diese Werte einer Mehrheitskultur eine Veränderung erfahren müssen, darauf weist Rommelspacher für die Frauen hin (siehe Einleitung). Für die Männer machen Gamm und Richter neue Überlegungen: Richter kritisiert die Werte angeblicher demokratischer Institutionen am Beispiel der Behandlung des Rechtsextremismus. Diese Institutionen repräsentieren die hiesige väterliche Gewalt und koproduzieren das rechtsextreme Verhalten von Jungen und Männern (Richter 94, 20). Gamm führt diese These für offizielle Erziehung und Bildung weiter und sagt, dass Pädagogik in dieser Hinsicht einer Revision bedarf. Dabei geht es ihm um den "maskulinen Typos" von Erziehung:

"Die Erziehung aus dem maskulinen Vorrang herauszuführen, daß Jungen nicht weinen dürfen, wird vordringlich. Sich zu Angst, Schmerz und Verlassenheit zu bekennen, ist vielmehr die Festigkeit des Lebens. ... Der Haß aller maskulin wirkenden, militärisch orientierten Gesellschaften beispielweise gegen die Homophilen läßt sich als wichtiger Indikator vermerken." (Gamm 93, 57)

Meiner Meinung nach gibt es zu wenige Männer und Frauen, die echte Verantwortung für ihr Leben übernehmen und dies vorleben, sei es, dass mehr Männer wirkliche Väter (zuhause) sind, sei es, dass mehr Frauen ganz selbstverständlich wirkliche Verantwortung in der Öffentlichkeit übernehmen können, ohne ein schlechtes Gewissen gegenüber ihrem Muttersein zu haben. Auch hier muss interkulturelle Bildung, wenn sie denn "politisieren" will, die Situation in Familie und anderen privaten Lebensformen berücksichtigen. Kulturveränderung beginnt auch im vertrauten Leben – hinter der eigenen Haustür.

Literatur

Gamm, H.-J.: Fremdenfeindlichkeit und Erziehung. Anmerkungen zur deutschen Zeitgeschichte, in: Pädagogik, 10, 1993, 54ff.

Pinl, Cl.: Vom kleinen zum großen Unterschied. "Geschlechterdifferenz" und konservative Wende im Feminismus, Hamburg 1993.

Prengel, A.: Was will feministische Pädagogik? Zur Bedeutung eines demokratischen Differenzbegriffs für die Erziehung von Mädchen und Jungen, in: Glumpler, E. (Hg.): Mädchenbildung Frauenbildung, Bad Heilbrunn 1992, 148ff.

Richter, H.-E.: Hinter Abscheu verbirgt sich die Anziehungskraft des Verabscheuten, in: FR, 5.10.94, 20.

Rommelspacher, B.: Die Psychologie der Dominanz oder Warum wir das Fremde von uns halten, in: Psychologie Heute, 1, 1994, 46ff.

Streit, M.: Warum scheitern lesbische Beziehungen, in: Blattgold, 2, 1995, 4ff.

Für deutsch-jüdisch/israelische Dialoge "Räume" geöffnet: Rückblicke auf die GPV-Tagung 1993[1]

Genau um diese Zeit im letzten Jahr schrieb ich, Cornelia Muth, an das Gestalt-Institut Metanoia in London. Angeregt durch meine eigene interkulturelle Arbeit in Deutschland wollte ich mich mit ausländischen GestaltkollegInnen austauschen.
Ziemlich schnell bekam ich eine verbindliche Antwort in englischer Sprache von Talia Levine Bar-Yoseph, die Interesse an einer Zusammenarbeit hatte.
Zwei Monate später wollte ich Talia und das Institut während eines Englandaufenthaltes kennenlernen. Jedoch musste sie mir dann mitteilen, dass sie zum angekündigten Zeitraum selbst in Israel ihre Familie besuchen würde. So stellte ich langsam die jüdische und israelische Identität meiner Kollegin fest, und mir kam ein bekannter und sehr unangenehmer Teil meiner deutschen Identität ins Bewusstsein. Ich bekam Angst. Wie sollte/wollte ich als Deutsche, aus dem Land der TäterInnen, einer Jüdin begegnen? Einerseits dämpfte ich mit dem neuen und alten Bewusstsein die Dynamik meiner Kontaktaufnahme, und andererseits freute ich mich, eine Israelin/Jüdin kennenzulernen, da ich gerade meine Dissertation über Martin Buber begonnen und viele Fragen zum Judentum hatte.
Ich hatte bis zu diesem Zeitpunkt noch keine direkten Kontakte mit jüdischen Personen gehabt. Meine Begegnungen hatten sich bis jetzt auf die MitarbeiterInnen der Bibliothek der Jüdischen Gemeinde Berlins beschränkt.
Im Juni telefonierten Talia und ich das erste Mal miteinander. Schnell hatten wir entschieden, einen gemeinsamen Workshop in Potsdam anzubieten. Wir suchten ein "interkulturelles Thema". Schließlich schlug Talia vor, unsere eigene Begegnung, die zwischen einer israelisch-jüdischen und deutschen Frau, zum Thema zu machen.

---

[1] Für deutsch-jüdisch/israelische Dialoge Räume geöffnet, in: Gestaltpädagogik, 4, 1994, 110-114. Zusammen mit Talia Levine Bar-Yoseph. © 1994-2013 EHP - Verlag Andreas Kohlhage. Abdruck mit freundlicher Genehmigung durch den Verlag. All Rights reserved. This includes reproduction and transmissions in any form or by any means without permission in writing from the publisher.

Vorsichtig und neugierig willigte ich ein. Wir verabredeten ein persönliches Treffen für September in London und entschieden, bis dahin unsere Lebensläufe auszutauschen.

Nach diesem Telefonat wirkte noch lange ein Satz von Talia in mir nach: "Maybe I find out that I hate you!" Das deutsche Gewissen lag mir auf der Seele.

Ich tat, was ich in solchen Situationen oft tue: Ich begann zu lesen. Ich wollte wissen, wie Frauen in Israel Deutschland heute wahrnehmen. Zwei Bücher "berührten" mich besonders: Silke Mertins Buch "Zwischentöne – Jüdische Frauenstimmen aus Israel" und E. M. Broners Buch "A Weave of Women". Beide Bücher zeigten mir die vielfältigen und besonderen Frauenidentitäten Israels. Der Militärdienst war mir schon besonders in Talias Lebenslauf aufgefallen.

Im September trafen wir uns dann endlich im Metanoia Institut. Ich erreichte diesen Treffpunkt mit einer dreiviertelstündigen Verspätung – ein sehr unübliches Verhalten für mich. Mein Aufgeregt-Sein über unser Treffen hatte zu einer völligen Desorientierung in der Innenstadt Londons geführt. Ich, die sonst stundenlang Stadt- und Wanderkarten studiert und in der Welt weit herumgereist ist, hatte den falschen Bus in die falsche Richtung genommen.

Doch Talias Ärger verschwand schnell, und genauso schnell stand die Idee für unseren Workshop. Wir tauschten unsere gegenseitigen Wahrnehmungen beider Länder aus und befassten uns mit der jeweiligen nationalen Verarbeitung und Verdrängung des Holocausts.

Beim Mittagessen im chinesischen Restaurant stellten wir persönliche Gemeinsamkeiten und Unterschiede fest. Unsere Spannung gegenüber dem geplanten Workshop wuchs und hielt an bis zum Oktober.

Hier die Programmbeschreibung und Talias Bericht über den Workshop:

Exploring the Relationship in the Middleground between the Jewish/Israeli and the German Culture.

Der Vereinigungsprozess Deutschlands verstärkt die Suche nach einer nationalen deutschen Identität. In diesem Prozess müssen Deutsche auch ihre Beziehungen zu anderen Kulturen und Ländern wahrnehmen. Dies beinhaltet besonders die Klärung des deutsch-jüdisch/israelischen Verhältnisses in Vergangen-

heit, Gegenwart und ZUKUNFT. Welche Aufgaben übernehmen dabei PädagogInnen?
"The purpose of our workshop is to explore the present phenomenological relationship between people from Israel and Germany:
How does the past colour the present and the future, what kind of feelings interact when a Jewish and German women meet? What is the place of guilt and hate in the meeting? Is there a way to unlock the fixed Gestalt and move forward into a dialogic meeting? What is the place of the educator in resolving this drama?"
As an Israeli, Jew and a Gestalt base trainer and psychotherapist, I was intrigued to co-run the above workshop. The opportunity, provided by Cornelia (and her Gestalt association) opened my mind, heart and soul to a rare option to explore the relationship between the Germans and the Israelis in the here and now. Reaching out to a group of educators, all of which are trained in Gestalt, felt then, and still does, like a privilege.
I grew up to perceive the Germans as cruel, heartless, followers without thought, drunk, fat and not to be contacted. I grew up into scare, hate and pain. I learnt about victims and victimizing. I was moving from not understanding the cruelty to not understanding (and sometimes even blaming) the passivity of the Jewish people. In short: I never felt free to explore, observe, change or move on.
Before I left London to Berlin I got a mini lecture from my older girl, 11 years old, "I do not understand why you go to Germany. They could come to another place if they want to have a workshop with you ... In any case, I shall never ever go to Germany even when I am grown up." (Neta is an Israeli girl who is educated since being 7 by the English system.) There was silence for a while and suddenly the small one, Adi age 7, said: "But, you are going to work with people who were born after the war, aren't you?" ... I left home with the two polarities echoing in me.
On the way to the airport, the Israeli cab driver, proudly told me that he does not own any German product, and confronted me for going to Berlin. Only then I realized my apologetic attitude to my trip: "I go for an important mission, to have a dialogue in the here and now. We have to move on, we have to let go of

the polarization", I said. So, as open as I believed I was, I still needed a "good" reason for going.

We designed the workshop to be mostly nonverbal. The wish was to explore a way to have a dialogue with the fantasies, with me in vivo, with one another.

16 people set in a small circle in a rather large hall. On the floor a large amount of colourful plasticine. We plunged straight into a guided fantasy. Each member of the group was asked to imagine a collective, transparent German mind/head. Thoughts, feelings, attitudes, beliefs, colours, smells, pictures ... all to do with the subject of the workshop. Once "knowing" enough, store the "German head" somewhere and do the same with an Israeli Jewish mind/head. When both collective minds were as clear as possible or wished for individually, each one took few moments to bring both figures to the foreground, exploring a comfortable position for both, while occupying the same space.

The next stage was to create out of plasticine an image/symbol which would represent what they arrived to in their fantasies. One older man got up and left, never approached any of us again. One woman sat silently and did not create a symbol. The rest seemed rather immersed in their creation.

The final stage of the nonverbal experience was to find another symbol and have a nonverbal dialogue with it. The outcome was to be a joint symbol. One man got up went to the piano at the far end of the hall, came back without his symbol and waited on his own for the rest to finish. A group of five, including Cornelia, had a lively dialogue. Those, who did not create a symbol joined them using a colourful string bracelet. I joined with my white and yellow symbol another yellow figure and soon after a yellow pebble like figure came along. The rest found their way to one another.

Naturally I can report only about my own process. Later I shall say more about what some of the people shared.

I "knew" I belonged with the other yellow figure. It took me a split second to move towards it. To me it looked like an inviting soft and warm blanket. I parked next to it with my white, mostly "Jewish" nose head, bright yellow "German" abstract and white barb wire fence in between them. The bright yellow "pebble" next to the two figures, keeping some distance. Later we were

shocked to realize that non of us was aware of the bright yellow being the colour of the star the Jews had to wear during the third Reich days. (A fact we were all familiar with.)
The mutual symbol had the barb wire fence behind and with no spikes, my "Jewish" nose under the blanket and the "pebble", with lines marked on it, much closer and more belonging. We all felt moved. I knew that I allowed myself more softness and intimacy in the nonverbal dialogue. To a degree that I was "told off" for almost being careless softening the barb wire so much.
After some debriefing in the subgroups we have spent the rest of the time sharing the nonverbal experience verbally. One woman told us about not breathing deeply all her life. "In here (points to the deeper area) is my history and I do not breath in there. In this workshop I risked breathing in deeply. I found out that I can breath and stay alive."
One group had a touching dialogue trying to move one member into becoming more optimistic. She created two half bridges pointing to opposite directions. The most she compromises was to have the two pointing to the same direction. She was very adamant in her feelings that the chance for a dialogue between the two cultures is less than slim.
There was A. He spoke German to the group, leaving me out as I do not speak German, about longing all his life to meet a Jewish person. Bravely he agreed to take five minutes and meet me in any way he chooses to. He got up moved his chair as close as he could facing me. A held one green "finger" of plasticine in his right hand, and one white "finger" still in it's original plastic wrapping in his left. This was his original symbol. He held one end of each finger and handed over to me the other. The room was still. Following my hands I was pressing my ends. The plastic wrap bothered me. I removed half of it. A moved the other half and threw it away – later someone told me that the white one was the "Jewish side". Our eyes met it was hard to breath for both of us. "I will feel too much" he said. I found it almost necessary to stick a piece of the green onto the white, so I did. The time was over. A relieved went back to his place. Finally, he met a Jew. Until now I never took in that so few Jews are left in Germany, and that it is possible for a German to go through life without meeting one.

The man who went to the piano said: "When I finished my image and looked at it I knew that there is no chance for dialogue between the two without a third force. I felt hopeless, I noticed sounds of music in my head. Listening I heard one of Mendelssohn rhapsodies. I then remembered that Mendelssohn discovered Bach, and Bach for me is the most German composer. So, if it took a Jew to discover Bach, the music may be the third force. I, therefore put my work on the piano's key board."

I was moved by every one of the participants. Including the one who chose not to share his experience. I arbitrarily choose to stop here. Travelling to Germany confronted me with feelings and introjects as well as real people. I faced my own limitations and blind spots, I met shame, blame, pain and helplessness, internally as well as externally. I came back feeling strongly a need to contribute to change digging into the ground of the two polarities.

I wish to thank the people who made my visit possible by financing, by being there for me and with me, and especially Cornelia Muth who "started" it all.

As some time had passed, and as the workshop was not recorded, I apologise for possible mistakes in the quotes.

Vieles hat die Begegnung und die Arbeit mit Talia in mir bewegt und erneut gezeigt, wie stark nationale und persönliche Vergangenheiten Kontaktprozesse auslösen, verhindern und zukünftige wachsen lassen können.

DIALOGISCHES LERNEN

Herausgegeben von Dr. Cornelia Muth

ISSN 1614-4643

1 *Cornelia Muth*
   Willst Du mit mir gehen, Licht und Schatten verstehen?
   Eine Studie zu Martin Bubers Ich und Du
   Zweite erweiterte und verbesserte Auflage
   ISBN 3-89821-537-7

2 *Susanna Matt-Windel*
   Werden am Du – Dialogik in der Eltern-Kleinkind-Beratung
   Ein philosophisch-pädagogisches Handlungskonzept nach der Dialogphilosophie Martin Bubers am Beispiel der interaktionellen Eltern-Kleinkind-Beratung
   ISBN 3-89821-374-9

3 *Sabine Peter*
   Schritte auf dem Weg zum Miteinander in der multikulturellen Gesellschaft
   Interkulturelle Gärten
   Eine psychologisch-dialogphilosophische Perspektive
   ISBN 3-89821-464-8

4 *Andrea Förster*
   Tiere als Therapie – Mythos oder Wahrheit
   Zur Phänomenologie einer heilenden Beziehung mit dem Schwerpunkt Mensch und Pferd
   ISBN 3-89821-421-4

5 *Koffi Abah Edem, Jan Großwinkelmann, Yvonne Kahlert, Susanna Matt-Windel, Cornelia Muth, Sabine Peter*
   Im Vertrauen und in Verantwortung – 10 Jahre dialogische Pädagogik
   ISBN 3-89821-577-6

6 *Stephan J. Harms*
   Menschenbilder und Typologie
   Kategorien neurotischer Motivationsstrukturen als Orientierungshilfe in der sozialen Arbeit Chancen und Risiken
   ISBN 3-89821-703-5

7 *Susanne Mariyam Hüser-Granzow*
   Kunst statt Strafe
   Eine dialogische Betrachtung der ästhetischen Arbeit in der Sozialen Arbeit am Beispiel einer Bildhauerwerkstatt für straffällig gewordene Jugendliche
   ISBN 978-3-89821-747-7

8 *Thomas Schwenk*
   Sport und Bewegungserziehung in der Suchtarbeit
   Sozialpädagogische und dialogisch-philosophische Aspekte in der Suchtprävention und Behandlung von Kindern und Jugendlichen
   ISBN 978-3-89821-785-9

9 *Cornelia Muth*
   Hilfe, ich bin mobil und heimatlos!
   Zur Hauslosigkeit postmoderner Menschen
   Mit einem Beitrag von Jan Großewinkelmann und Zeichnungen von Miriam Helfer
   ISBN 978-3-89821-880-1

10 *Tanja Dräger*
   Gender Mainstreaming im Kindergarten
   ISBN 978-3-89821-869-6

11 *Dörthe Sontag*
   Die modernen Kommunikationsmittel und das Dialogische Prinzip
   Bedrohung und Chance für unser Menschsein?
   Eine dialogphilosophische Reflexion unserer zwischenmenschlichen Beziehungen im Zeitalter der Mediatisierung
   ISBN 978-3-89821-893-1

12 *Isabel Diener*
   Lehren und Lernen in offenen Arbeitsformen
   Eine Diskussion über die Verwendung von offenen Arbeitsformen im Unterricht am Beispiel einer Pädagogik der Menschenrechte
   ISBN 978-3-89821-976-1

13 *Cornelia Muth (Hrsg.)*
   „dann kann man das ja auch mal so lösen!"
   Auswertungsinterviews mit Kindern und Jugendlichen nach Trainings zur Gewaltfreien Kommunikation
   ISBN 978-3-8382-0120-7

14 *Cornelia Muth*
   Der Mensch zwischen Gut und Böse
   Mit Texten von Martin Buber über das Böse nachsinnen
   ISBN 978-3-8382-0340-9

15 *Cornelia Muth*
   Von der interkulturellen Erfahrung zur transkulturellen Begegnung – und zurück
   ISBN 978-3-8382-0350-8

ibidem-Verlag
Melchiorstr. 15
D-70439 Stuttgart
info@ibidem-verlag.de

www.ibidem-verlag.de
www.ibidem.eu
www.edition-noema.de
www.autorenbetreuung.de

www.ingramcontent.com/pod-product-compliance
Lightning Source LLC
Chambersburg PA
CBHW070739230426
43669CB00014B/2517